秘莫测的藏高原

本书编写组◎编

SHENMI
MOCE DE
QINGCANGGAOYUAN

广州·北京·上海·西安

世界图书出版公司

图书在版编目（CIP）数据

神秘莫测的青藏高原／《神秘莫测的青藏高原》编
写组编 . —广州：广东世界图书出版公司，2011．1 (2024.2 重印)
ISBN 978－7－5100－3206－6

Ⅰ．①神… Ⅱ．①神… Ⅲ．①青藏高原－概况 Ⅳ.
①K927

中国版本图书馆 CIP 数据核字（2011）第 007693 号

书　　名	神秘莫测的青藏高原
	SHEN MI MO CE DE QING ZANG GAO YUAN
编　　者	《神秘莫测的青藏高原》编写组
责任编辑	王　红
装帧设计	三棵树设计工作组
出版发行	世界图书出版有限公司　世界图书出版广东有限公司
地　　址	广州市海珠区新港西路大江冲 25 号
邮　　编	510300
电　　话	020-84452179
网　　址	http://www.gdst.com.cn
邮　　箱	wpc_gdst@163.com
经　　销	新华书店
印　　刷	唐山富达印务有限公司
开　　本	787mm×1092mm　1/16
印　　张	12.25
字　　数	160 千字
版　　次	2011 年 1 月第 1 版　2024 年 2 月第 7 次印刷
国际书号	ISBN　978-7-5100-3206-6
定　　价	59.80 元

前　言

雪域高原是一个美丽的地方，这里有神奇的雪山，辽阔的草原，宁静的湖泊，咆哮的河流，湛蓝的天空，洁白的云彩，巍峨的喜马拉雅山，雄伟的珠穆朗玛峰，神圣的冈底斯山，奔腾的雅鲁藏布江……

雪域高原也是一个神奇的地方，无数的传说为它披上了神秘的面纱。这里的天与地、山与水、人与物都弥漫着一种神秘的气息，以一种特有的美丽和神奇吸引着人们。从山湖之间的庙宇传出的喃喃诵经声中，可以领悟到山神和哲人智者的启迪；在雄浑古朴的布达拉宫前，逝去的时间似乎在缓缓回流；在碧波荡漾的高山湖泊上，飞舞的精灵扇动洁白的翅羽，把大地的灵感带上蓝天；在万马奔腾的草原上，那粗犷彪悍的嘶吼，无不让人仰慕它的古朴……

《神秘莫测的青藏高原》让青少年足不出户也能领略祖国的大好河山。本书分为九个部分，从青藏高原的概说、青藏高原上的山脉、青藏高原上的河流、青藏高原上的湖泊、青藏高原上的自然保护区、青藏高原上的天路、青藏高原上的文化、青藏高原上的城市和神秘的未解之谜九个大方面对青藏高原做了相对详细的介绍。本书符合青少年心智的特点，语言简洁生动，充满了知识性和趣味性。希望阅读本书能开阔青少年读者的视野，拓展青少年读者的思维，从而丰富课余生活。

目　录

神秘莫测的青藏高原

神秘莫测的青藏高原

神秘莫测的青藏高原

青少年走遍中国丛书

第一章 青藏高原

🌸 第一节 概况

青藏高原是我国最大的高原，世界平均海拔最高的高原。大部分在我国西南部，包括西藏自治区和青海省的全部、四川省西部、新疆维吾尔自治区南部，以及甘肃、云南的一部分。整个青藏高原还包括不丹、尼泊尔、印度、巴基斯坦、阿富汗、塔吉克斯坦、吉尔吉斯斯坦的部分，总面积250万平方千米。高原境内面积240万平方千米，平均海拔4000～5000米，有"世界屋脊"和"第三极"之称，是亚洲许多大河的发源地。

高原周围大山环绕，南有喜马拉雅山，北有昆仑山和祁连山，西有喀喇昆仑山，东有横断山脉。高原内还有唐古拉山、冈底斯山、念青唐古拉山等。这些山脉海拔大多超过6000米，喜马拉雅山不少山峰超过8000米。高原内部被山脉分隔成许多盆地、宽谷。高原上湖泊众多，其中青海湖、纳木错湖等都是内陆咸水湖，盛产食盐、硼砂、芒硝等。高原还是亚洲许多大河的发源地。如长江、黄河、澜沧江（下游为湄公河）、怒江（下游称萨尔温江）、森格藏布河（又称狮泉河，下游为印度河）、雅鲁藏布江（下游称布拉马普特拉河）以及塔里木河等都发源于此，水力资源丰富。

青藏高原实际上是由一系列高大山脉组成的高山"大本营"，地理学家称它为"山原"。高原上的山脉主要是东西走向和西北—东南走向的，自北而南有祁连山、昆仑山、唐古拉山、冈底斯山和喜马拉雅山。这些大山海拔都在五六千米以上。所以说"高"是青藏高原地形上的一个最主要的特征。

青藏高原在地形上的另一个重要特色就是湖泊众多。高原上有两组不同走向的山岭相互交错，把高原分割成许多盆地、宽谷和湖泊。这些湖泊主要靠周围高山冰雪融水补给，而且大部分都是自立门户，独成"一家"。著名的青海湖位于青海省境内，为断层陷落湖，面积为 4456 平方千米，高出海平面 3175 米，最大湖深达 38 米，是我国最大的咸水湖。其次是西藏自治区境内的纳木错，面积约 2000 平方千米，高出海平面 4650 米，是世界上最高的大湖。这些湖泊大多是内陆咸水湖，盛产食盐、硼砂、芒硝等矿物，有不少湖还盛产鱼类。在湖泊周围、山间盆地和向阳缓坡地带分布着大片翠绿的草地，所以这里是仅次于内蒙古、新疆的重要牧区。

由于地势高，大部分地区热量不足，高于 4500 米的地方最热月平均温度不足 10℃，无绝对无霜期，谷物难以成熟，只宜放牧。牧畜以耐高寒的牦牛、藏绵羊、藏山羊为主。4200 米以下的河谷可以种植作物，以青稞、小麦、豌豆、马铃薯、圆根、油菜等耐寒种类为主。雅鲁藏布江河谷纬度低，冬季无严寒，小麦可安全越冬。加以光照条件好，春夏温度偏低，延长了小麦生长期，拉萨冬小麦亩产有 1638 斤的纪录。高原上近年还新建了不少水电站、煤矿、钢铁厂、化工厂、毛纺厂、造纸厂。随着工业的发展，新的工业城市如西宁、拉萨、格尔木、林芝、日喀则等不断形成。目前有川藏、青

藏、滇藏、新藏等 4 条公路。

第二节　形成原因

青藏高原有确切证据的地质历史可以追溯到距今 4 亿～5 亿年前的奥陶纪，其后青藏地区各部分曾有过不同资料记录的地壳升降，或为海水淹没，或为陆地。到 2.8 亿年前，现在的青藏高原仍是波涛汹涌的辽阔海洋。这片海域横贯现在欧亚大陆的南部地区，与北非、南欧、西亚和东南亚的海域沟通，称为"特提斯海"或"古地中海"。当时特提斯海地区的气候温暖，成为海洋动、植物发育繁盛的地域。其南北两侧是已被分裂开的原始古陆（也称泛大陆），南边称冈瓦纳大陆，包括现在的南美洲、非洲、澳大利亚、南极洲和南亚次大陆；北边的大陆称为欧亚大陆，包括现在的欧洲、亚洲和北美洲。

2.4 亿年前，由于板块运动，分离出来的印度板块以较快的速度向北移动、挤压，其北部发生了强烈的褶皱断裂和抬升，促使昆仑山和可可西里地区隆生为陆地。随着印度板块继续向北插入古洋壳下，并推动着洋壳不断发生断裂，约在 2.1 亿年前，特提斯海北部再次进入构造活跃期，北羌塘地区、喀喇昆仑山、唐古拉山、横断山脉脱离了海浸。到了距今 8000 万前，印度板块继续向北漂移，又一次引起了强烈的构造运动。冈底斯山、念青唐古拉山地区急剧上升，藏北地区和部分藏南地区也脱离海洋成为陆地。整个地势宽展舒缓，河流纵横，湖泊密布，其间有广阔的平原，气候湿润，丛林茂盛。高原的地貌格局基本形成。地质学上把这段高原崛起的构造运动称为喜马拉雅运动。青藏高原的抬升过程不是匀速的运动，也不是一次性的猛增，而是经历了几个不同的上升阶段，每次抬升都使高原地貌得以演进。

第三节　气候特征

青藏高原平均海拔 4000 米以上，耸立于对流层的中部，与同高度的自由大气相比较，这里气候最温暖，湿度最大，风速最小。但就地面而言，与同纬度的周边地区相比较，这里气候最冷，最干，风速最大，这是巨大高原的动力和热力作用的结果。

从地质历史来看，新生代之前，青藏地区为一望无际的海洋，气候属于热带海洋性。进入新生代始新世时，古特提斯海急速退缩，大面积陆地露出水面，青藏地区有水有陆，但尚未全部隆起。进入第三纪上新世，古特提斯海已从青藏地区东西方向撤出，陆地面积的扩张，结束了海浸时代，原始高原面（大约 1000 米）已全部露出。此时因海拔不高行星风系似以平直西风为主，青藏地区的热带海洋性气候被中纬度副热带干旱气候取代。青藏地区形成一条宽阔的干燥地带，属于热带温暖半干旱气候。随着高原的不断隆起，高原面已抬升到海拔 2000～3000 米时，青藏高原的气候趋于寒冷。因多种因素的综合影响，青藏高原气候降低，冰川发育向较低的河谷推进，使高原进入晚更新世的白玉冰期。

当全球进入冰后期，青藏高原海拔 4000 米，在距今 7000～3500

年，气温比当今高出 3℃～5℃，降水也较当今丰富，吸引着不少食草动物，同时古人类也在这一带进行狩猎生活，阿里和藏北地区发现的上百件石器即可作证。此时青藏高原冰川大量退缩，多年冻土自上而下融化深度达 15～20 米，高原边缘的多年冻土厚度在 15 米以内的全部融化。

继气候适宜期之后，高原进入新冰期，气温显著下降。根据拉萨大昭寺的古木、历史文献、档案史料和近代的气候资料显示，公元初到 5 世纪西藏地区以寒冷为主；从 6 世纪到 12 世纪西藏进入一个相对温暖的时期；12 世纪末以后进入小冰期，尤其是 17 世纪中期为近数百年来最寒冷期，年平均气温要比现今低 1℃左右；直到 19 世纪前期高原以维持偏冷为主，冰川继续向前推进。近百年高原进入升温干旱期，温度明显的上升。

高原气候的主要特征：①大气干洁，太阳辐射强。②气温低，日较差大，年变化小。青藏高原年平均气温低，构成了气候的主要特征。位于藏北高原的可可西里年平均气温在 0℃以下，等温线与等高线相重合，自成一个闭合的低温中心，为青藏高原温度最低的地区，也是北半球同纬度气温最低的地区。③降水少，地域差异大。高原年降水量自藏东南 4000 毫米以上向柴达木盆地冷湖逐渐减少，冷湖降水量仅 17.5 毫米。以雅鲁藏布江河谷的巴昔卡为例，降水量极为丰沛，平均年降水量达 4500 毫米，是最少降水量地区的 200 倍，是我国丰富降水中心之一。④根据温度和水分指标，结合植被考虑地热的影响，通过分析，受高层地区划分为高层亚寒带、高原温带、藏东南亚热带山地和热带山地；依据水分状况又可分为湿润、干旱、半干旱等气候类型。

青藏高原是北半球气候变化的启张器和调节器。这里的气候变化不仅直接驱动我国东部和西南部气候的变化，而且对北半球具有巨大的影响，甚至对全球的气候变化，也具有明显的敏感性、超前性和调节性。

冬半年的主要气候特征

冬半年的主要特点是寒冷、干燥、降水稀少、大风多。青藏高原海拔高，气温低。1月平均气温，除藏东南地区和喜马拉雅山南翼地区外，其他地区均低于0℃，极端最低气温大部分低于−20℃，海拔4507米的那曲还出现过−41.2℃的低温。

由于高低悬殊，低温持续时间的长短差异很大。西部和北部地区从10月到第二年4月的月平均气温大都低于0℃。海拔低于4000米的雅鲁藏布江河谷地区月平均气温低于0℃的也有2～3个月。极端最低气温≤0℃的日数，在西部和北部地区高达250～280天以上，雅鲁藏布江地区约在100～200天，东南部地区则在100天以下。

冬半年降水稀少，空气干燥。除喜马拉雅山南麓和东南部外，11～4月降水量小于80毫米，不到全年降水量的12％，有的低于5％。相对湿度也很低，大部分地区都在30％～40％之间，为全国较小值地区之一。喜马拉雅山南麓和东南部雨雪较多，降水量可达150～300毫米，占全年降水量的20％以上。

受高空西风气流的影响，冬半年多大风。除东部横断山区之外，大部分地区全年≥8级的大风日数在50天以上，西部和北部地区可高达100～165天，风日多集中在冬半年。高原上空气密度小，在风速相同的条件下，风压较小，一般只有平原地区的60％～80％。

夏半年的主要气候特征

夏半年的主要气候特点是日照充足，气温凉爽宜人，降水集中，多夜雨和冰雹。

青藏高原空气稀薄干洁，透明度好，太阳辐射和日照时数都比同纬度地区大得多。如拉萨平均年日照时数为3005.3小时，年太阳总辐射高达846千焦耳，故有"日光城"的美称。

由于青藏高原海拔高，夏半年又正值雨季，最暖月平均气温大都在18℃以下，所以气温不高，凉爽宜人。平均海拔在4500米以下的东南地区和雅鲁藏布江河谷为10℃～18℃；平均海拔4500米以上的羌塘高原地区在10℃以下；而海拔低于1000米的喜马拉雅山南翼的外缘低山地区，则全年平均气温≥10℃。

降水高度集中于夏半年，一般占全年的80%～90%。东南低地一般从3月开始雨量增大，藏东和藏北部5月中、下旬雨季开始；雅鲁藏布江流域则从6月上、中旬进入雨季；日喀则西部地区于6月下旬至7月上旬才开始进入雨季；阿里降水少，无明显雨季。

降水量自东南向西北逐渐减少，喜马拉雅山南麓的迎风面降水量多达1000毫米以上，其北麓和雅鲁藏布江之间的一狭长地带，年降水量却少于300毫米，为"雨影区"。

"高原夜雨"和多冰雹是青藏高原夏半年气候的又一特色。如位于宽阔河谷的拉萨和日喀则，由于地形的影响，夜雨率高达80%以上，为高原的夜雨中心。青藏高原又是全国冰雹日数最多的地区，如那曲年平均雹日35.9天，多为小冰雹。

神秘莫测的青藏高原

第二章 青藏高原上的山脉

青藏高原上的山脉众多，包括昆仑山脉、唐古拉山脉、横断山脉、冈底斯山、念青唐古拉山、喜马拉雅山脉等等。

第一节 昆仑山脉

昆仑山脉是亚洲中部的大山系，我国西部山系的主干。它西起帕米尔高原，横贯新疆维吾尔自治区与西藏自治区，向东伸入青海省西部，直抵四川省西北部，长 2500 千米，为古老的褶皱山脉。山脉西段沿塔里木盆地南缘作西北—东南走向；东北坡陡峭；西南与喀喇昆仑山脉相接。山脉的山体高大，有公格尔山（7719 米）、公格尔九别峰（7595 米）、慕士塔格山（7546 米）、慕士山（7282 米）等高峰。冰川分布面积也较广。

昆仑山脉从东经 81°附近起为东段，转为东西方向，共分 3 支：北支为祁曼塔格山，构成柴达木盆地的西南边缘；中支为阿尔格山，东延为布尔汗布达山、阿尼玛卿山；南支为可可西里山，东延为巴颜喀喇山（巴颜喀喇山为黄河和长江的分水岭）。东昆仑山山势降低到 5000～6000 米，仅少数高峰如木孜塔格峰（7723 米）超过 7000 米。

冰川主要分布在西段，即喀什噶尔河源与克里雅河源间的 400 千米地段，雪线（雪线：多年积雪区的下界，为年降雪量与融雪量平衡的地带。）海拔 5600～5900 米，冰川面积在 3000 平方千米以上，是我国现代大冰川区之一。

玉龙喀什河上游的玉龙冰川长 25 千米，是此地区目前已知最大的冰川，处内陆中部，气候干燥。西昆仑荒漠带上升到 3200 米，只有少数河谷局部湿润地段出现云杉林和圆柏灌丛。3000 米以上高山区大多是裸岩峭壁。东昆仑山更为干燥，荒漠带上升到 3400 米。高等植物约有 100 多种，以垫状植物为主。高原特有动物藏羚羊、野牦牛、野驴等能利用高寒草场繁育。

地质特征

昆仑山脉与塔里木盆地和柴达木盆地间均以深大断裂相隔。昆仑山地区以前震旦系（震旦系：震旦纪是远古宙晚期的一个纪。开始于约 8 亿年前，结束于 5.7 亿年前。分为早晚两个世。在我国主要以一些浅变质或未变质的沉积岩为主，发现的化石主要是蠕形动物和腔肠动物。这一时期形成的地层叫"震旦系"）为基底；古生代时为强烈下沉的海域并伴有火山活动，古生代末期经华力西运动（晚古生代地壳运动的总称）褶皱上升，构成昆仑中轴和山脉的中脊；中生代产生拗陷，经燕山运动构成主脊两侧 4000 米以上的山体。昆仑山脉与构成分隔我国南部与北部的纬向山脉。

昆仑山脉的新构造运动极其强烈，晚第三纪以来上升大约 4000～5000 米；叶尔羌拗陷中的砾石层厚度 2500 多米，河谷高阶地上则分布有第四纪火山凝灰岩和火山角砾岩；克里雅河与安迪尔河的上游均保存有中更新世玄武岩流与火山口。1951年在于田县境昆仑山中的卡尔达西火山群的一号火山曾爆发，并伴有现代火山泥石流。东部昆仑山第四纪以来上升了2800多米，其相关沉积物在柴达木盆地中的埋藏深度达2800米。昆仑山的新构造运动具间歇性，叶尔羌河、喀拉喀什河、尼雅河均形成4～5级阶地；各河出山口形成4～5级叠置的冲积扇。

地貌特征

昆仑山北坡濒临最干旱的亚洲大陆中心，属暖温带塔里木荒漠和柴达木荒漠，山前年降水量小于100毫米，西部60毫米，东部20毫米，若羌仅为15～20毫米。年降水量随山地海拔增高而略增，暖温带荒漠被高山荒漠所取代，由特有的垫状驼绒藜与西藏亚菊组成。源于昆仑山脉北坡的诸河流源远流长，汇流于塔里木盆地与柴达木盆地内流水系。

昆仑山脉西高东低，按地势分西、中、东3段：

①西段。从喀拉喀什河上游的赛图拉与叶尔羌河上游的麻扎通过的新藏公路，构成昆仑山脉西、中段的分水界。西段主要山口有乌孜别里山口、明铁盖山口、红其拉甫达坂及康西瓦等，为通往阿富汗及巴基斯坦的交通要道。位于西昆仑山海拔在7000米以上的山峰有3座，6000米以上的山峰有7座，平均海拔为5500～6000米。受重重山体阻挡，使喀拉喀什河谷中的年降水量仅为25～30毫米，雪线附近的降水量则达300毫米左右。北坡降水量大于南坡，主峰形成现代高山冰川作用中心，年均温0℃等温线大致沿4000米等高线通过，最高山带的年均温为－15℃～－7.5℃。

公格尔山海拔7719米，慕士塔格山7546米。前者的冰川面积为300平方千米，有20多条冰舌（冰舌：冰川前端呈舌状的部分。其位置因冰雪补给量和消融量比值大小而有进退现象）向下散射：北坡冰舌最长为23千米，东坡和西坡20千米；冰舌下达的海拔高度为3900～4900米。后者的冰川面积275平方千米，有16条冰舌下溢，东坡最长21千米，冰舌下达高度5300米。西坡冰舌的长度20千米，下达高度4000～4500米。雪线高度北坡5500米，南坡5800米，慕士塔格一带雪线为4800～5000米。

塔什库尔干谷地的海拔3100～3900米，年均温3℃，年降水量70多毫米；谷地以东山地的现代雪线，北坡为5000～5200米。

发源于西段的主要河流有叶尔羌河，主要靠冰雪融水补给，在盆地北部汇流成。

西段山地的北坡为山地荒漠和高寒荒漠景观。低于2700米的前山及中山带下部为红沙与合头草荒漠，砾、石质的山地棕漠土，上部为昆仑蒿为主的草原化荒漠，棕钙、淡栗钙土。2700～3000米的下部沙土地带合头草荒漠，上部为紫花针茅、银穗羊茅占优势的山地草原，阴坡出现小片雪岭云杉林，与山地草原构成山地森林草原。在3000米的塔什库尔干宽谷中为高位沼泽化草甸。3100～3900米干旱冰碛丘陵与冰水冲积扇分布着雌雄麻黄为主的灌木荒漠。谷地两侧4000米以上为以粉花蒿和垫状驼绒藜占优势的高寒荒漠。4500～5500米的高山为刺矶松、高寒棘豆高寒半灌木荒漠。海拔5500～6500米的高山下部为高寒稀疏植被，上部为寒冻风化带。6500米以上为高山冰雪带。

②中段。位于新藏公路与车尔臣河九个大坂山，即东经77°～86°。主脉向南略呈弧形，其中克里雅山口和喀拉米兰山口是该段联

系新疆、西藏的通道。

中昆仑山海拔 6000 米以上的山峰有 8 座，如乌孜塔格（6250 米）、慕士山（7282 米）、琼木孜塔格（6920 米），平均海拔 5000～5500 米，北坡雪线 5100～5800 米。主要河流有喀拉喀什河、玉龙喀什河、克里雅河、尼雅河及安迪尔河，除和田河上源喀拉喀什河和玉龙喀什河水量较大，有利灌溉外，其他河流出山后很快没入塔克拉玛干沙漠中。

山地下部为合头草、红沙半灌木荒漠，棕漠土；上部为沙生针茅、短花针茅为主的草原化荒漠，棕钙土；向上过渡为针茅、昆生葱、昆仑蒿为主的高寒荒原草原；在海拔 4500 米山地内部坡麓及岩屑坡上，垫状驼绒藜、糙点地梅组成稀疏的高寒荒漠；在海拔 4500～5500 米的下部为稀疏植被，上部为寒冻风化带，更高山峰则为冰雪带。

③东段。向东略呈扇形展开，分为 3 支：北支祁漫塔格山，其南隔以阿牙克库木盆地，东延为唐松乌拉山、布尔汗布达山；中支阿尔格山，东延为博卡雷克塔格、唐格乌拉山与布青山，地形上与阿尼玛卿山相接；南支为构成青南高原上的主体山脉。昆仑山垭口是青藏公路必经之道。

东昆仑山海拔 6000 米以上的山峰有 4 座，5000 米以上的山峰有 8 座，平均海拔 4500～5000 米，积雪分布在 5800 米以上的山峰。昆仑山垭口一带的雪线高度，北坡 5200 米，南坡 5400 米。雪线附近的年均温 -9℃～-8℃，山间谷地西大滩（4200 米）一带的年均温低于 -3℃，年降水量 350 毫米左右。山地顶部年降水量略有增加，青藏高原北坡现代多年冻土的下界在 4200 米左右。

主要河流有流入塔里木盆地中的车尔臣河；流入柴达木盆地的

有那仁郭勒河、乌图美仁河及柴达木河。前者由冰雪融水补给，属于塔里木内流水系；后者由降水与湖水补给，属于柴达木内流水系。

山地北坡为荒漠化草原，在海拔 3600 米以下为干燥剥蚀的基岩山地，几乎无植物生长，沟坡及岩屑上堆散生有垫状驼绒藜，红沙、合头草荒漠；3600～3800 米过渡为紫花针茅亚高山草原；3800～4500 米的山地下部是以小蒿草为主的草原化高山草甸，上部为垫状植被；4500～5000 米以上过渡为稀疏的高寒植丛和寒冻风化带；5500 米以上为高山冰雪带。

昆仑山北坡属暖温带塔里木荒漠和柴达木荒漠，降水量小。随着海拔的增高，暖温带荒漠过渡为高山荒漠，降水量随之增加。雪线在海拔 5600～5900 米，雪线以上为终年不化的冰川，冰川面积达到 3000 平方千米以上，是我国的大冰川区之一。冰川融水是我国几条主要大河的源头，包括长江、黄河、澜沧江（湄公河）、怒江（萨尔温江）和塔里木河。

昆仑山区有 100 多种高等植物，但一般都是低矮的灌木类。野生动物都是高原特有的如藏羚羊、野牦牛、野驴等。新疆和田的昆仑山麓出产最高质量的美玉，从古代起就是中原地区玉石的主要来源，因此《千字文》提到"玉出昆岗"。

景点推荐

昆仑泉

昆仑泉位于昆仑河北岸著名的小镇纳赤台正中，海拔 3700 米，是一泓优良的天然矿泉，被视为昆仑奇观。纳赤喷泉，一大一小，相距 50 米，大泉在青藏公路路边，泉眼周围用块石砌成外圆内八角形、高 1 米的泉台，泉口直径 1.6 米，泉眼水深 1 米，旁边有一出口。昆仑泉泉水很旺，日夜不停地向外喷涌，不时翻起层层小浪花，并发出响声，全年水温恒定为 20℃。泉池四周是由花岗石板砌成的多边形图案；中央一股清泉从池地蓦然喷涌而出，形成一个晶莹透明的蘑菇状，将无数片碧玉般的花瓣抛向四周，似一朵盛开的莲花，又似无声四溅的碎玉落入一泓清池，然后奔向滔滔的昆仑河。

至今在纳赤喷泉还流传着当年文成公主进藏时在此歇息的传说。相传，文成公主远嫁吐蕃时，随身抬了一尊巨大的释迦牟尼佛像。当公主一行来到昆仑山下的纳赤台时，由于山高路遥，人马累得筋疲力尽。于是，公主命令大队人马就地歇息。当夜做晚饭时才发现附近没有水，大家只好啃完干粮和衣而睡。第二天早上，人们醒来时发现昨晚放置释迦佛像的山头被压成了一块平台，离平台不远的地方，一眼晶莹的泉水喷涌而出，淙淙流淌。人们一下子明白这是释迦佛把山中的泉水压了出来。虔诚信佛的公主为了表达对佛祖的敬意，把自己身上的一串珍珠抛在泉眼里，泉水变得更加清凉甘甜。由此，人们把纳赤台称为"佛台"，把昆仑泉称之为"珍珠泉"。还有一个传说是创造神凡摩在赴昆仑山瑶池之畔的西王母寿宴后的归途中，饮兴未艾，随手把盛西王母馈赠的瑶池琼浆的金樽掷地，顿时琼浆四溢。他乘坐的莲花神龛就化为了赤台群山，溢出的琼浆化为了昆仑泉。

昆仑泉是昆仑山中最大的不冻泉，泉水是昆仑山冰雪融化后渗入地下流动喷涌出来的，不仅澄澈清冽、晶莹透明，而且甘甜醇美、洁净卫生，加上这里海拔高，没有污染，被誉为"冰山甘露"。该泉水属低矿化度重碳酸氯化物、钙镁型矿泉水。它喷出地层前，在地下蕴藏潜流达 20 多年，从周围环境中溶解锶、钙、钾、碳酸氢根等对人体健康有益的化学元素。其中锶含量达 0.7 毫克/升，对治疗高血压、心脏病、动脉硬化等疾病有较好的疗效，为优质、天然饮用矿泉水。现建有昆仑泉亭，亭内立有昆仑泉碑，是世界屋脊汽车探险线的必经之地，昆仑山道教圣境寻祖游的重要景点之一。

昆仑山口

昆仑山口地处昆仑山中段，格尔木市区南 160 千米处，海拔 4772 米，相对高度 80～100 米，也称"昆仑山垭口"。它是青海、甘肃两省通往西藏的必经之地，也是青藏公路上的一大关隘。昆仑山口地势高耸，气候寒冷潮湿，空气稀薄，生态环境独特，自然景象壮观。这里群山连绵起伏，雪峰突兀林立，草原草甸广袤。尤其令人感到奇特的是，这里到处是突兀嶙峋的冰丘和变幻莫测的冰锥，以及终年不化的高原冻土层。冰丘有的高几米，有的高十几米，冰丘下面是永不枯竭的涓涓潜流。一旦冰层揭开，地下水常常喷涌而出，形成喷泉。而冰锥有的高一两米，有的高七八米。这种冰锥不断生长，不断爆裂。爆烈时，有的喷浆高达二三十米，并发出巨大的响声。昆仑山口的大片高原冻土层，虽终年不化，但冻土层表面的草甸上却生长着青青的牧草。每到盛夏季节，草丛中盛开着各种鲜艳夺目的野花，煞是好看。

昆仑山山口是青藏公路穿越昆仑山脉的必经之地，咽喉之所，是世界屋脊汽车探险线的必经之地，昆仑六月雪观光的重要景点。许多过往行人来到这里后，都要在此驻足观赏一番。1956 年 4 月，陈毅副总理在前往西藏途中路过昆仑山时，激情满怀，诗兴大发，当即写了一首《昆仑山颂》。诗中写道：

峰外多峰峰不存，岭外有岭岭难寻。

地大势高无险阻，到处川原一线平。

目极雪线连天际，望中牛马漫逡巡。

漠漠荒野人迹少，间有水草便是客。

粒粒砂石是何物，辨别留待勘探群。

我车日行三百里，七天驰骋不曾停。

昆仑魄力何伟大，不以丘壑博盛名。

驱遣江河东入海，控制五岳断山横。

昆仑山口标记碑分为主碑、副碑、陪碑、雕塑、底盘五部分，材质为汉白玉。主碑高 4.767 米，是昆仑山口海拔高度的千分之一，碑底座用花岗岩块石砌成 9.6 平方米基础，象征她屹立在祖国 960 万平方千米的坚实土地上。昆仑山口碑南侧立有昆仑山口纪念碑。

离昆仑山口不远的东西两侧，海拔 6000 米以上的玉虚峰和玉仙峰亭亭玉立，终年银装素裹，云雾缭绕，形成闻名遐迩的昆仑六月雪奇观。玉虚峰位于昆仑山口东面。这是一座海拔 6500 多米的雪山冰峰，峰顶高耸巍峨，山体通坡冻封雪裹，山腰白云缭绕，看上去犹如一位银装素裹、亭亭玉立的女子昂然挺立在群山之上。玉虚峰相传为玉皇大帝的妹妹玉虚神女居住的地方。传说，当年玉皇大帝见昆仑山雄伟高大、气势轩昂、景象万千，且离天庭很近，便在昆仑山顶修建了一座轩辕行宫。玉帝的妹妹玉虚得知后很不服气，说玉帝霸占的地方太多了，不仅占了天上，还要把地上的好地方也据为己有。玉帝没有办法，只好把其中的一座山峰让给了玉虚。玉虚便在这座山峰上为自己修筑了一座冰清玉洁、俏丽奇美的行宫，而且经常带着众姐妹到此游玩，所以，这座山峰就叫玉虚峰。

昆仑桥

昆仑桥又称一步天险桥。它位于格尔木南部的昆仑山下，距格尔木市约 50 千米，是青藏公路上的一大险关。昆仑桥飞架于一步天险之上，全长只有 4 米多，是一座钢筋水泥大桥。昆仑桥的壮观不在大桥本身，而在于桥下的巉岩绝壁和万丈深涧。发源于昆仑山中的由雪水和泉水汇合而成的格尔木河，从海拔 4000 多米的高山峡谷奔流而下，滔滔的河水将河谷的千板岩长期冲刷穿凿成了一条深 40 多米、宽数米的石峡险谷，其中最窄处只有 4 米左右。昆仑桥两岸绝壁相对，怪岩嶙峋，谷顶平坦，谷底幽深，形势极为险峻。人们站在桥上俯身鸟瞰，只见湍流不息的河水在深邃险峻的幽谷中急湍喧泻，喷涌咆哮，不断地激起层层雪白的浪花，发出阵阵犹如雷鸣般的轰鸣，真是令人望之眩目，闻之丧胆。

第二节　唐古拉山脉

"唐古拉"为藏语，意为"高原上的山"。唐古拉山脉位于西藏自治区东北部与青海省边境处，其东南部延伸接横断山脉的云岭和怒山；东段为西藏与青海的界山。山脉高度在 6000 米左右，最高峰各拉丹冬海拔 6621 米，唐古拉山 6099 米。两侧山麓平原海拔 4600～4800 米，因而相对高差仅为 1300～1500 米。雪线海拔 5400～5500 米。山峰上发育有小型冰川。唐古拉山脉为长江、澜沧江、怒江等大河的源地。山脉上气温低，年平均气温－4.4℃（沱沱河站），有多年冻土分布，冻土厚度 70～88 米。植被以高寒草原为主，混生有垫状植物。

大唐古拉山口海拔 5231 米，是青、藏两省区的天然分界线，也是青藏线 109 国道的最高点。唐古拉山顶终年积雪不化，数十条远古冰川纵横奔泻，可谓"近看是山，远望成川"。这里还可以看到神秘莫测的一日四景。翻过大唐古拉山口，前面的还有一处海拔 5010 米的小唐古拉山口。过后即进入西藏境内的羌塘高原，两旁雪山连绵，蓝天草原相映，牛羊像珍珠般洒落绿野。此处空气含氧量只有水平线的六成，一般乘客路过唐古拉山口会有明显的高原反应。

地质特征

唐古拉山脉在中生代时，因为羌塘地块向北与欧亚板块碰撞，而褶皱隆起并逐渐露出海面。以后，这一地域受新生代几次造山作用的影响，继续上升，而形成如今的山体。在地质学上，唐古拉山是青藏高原薄皮构造（薄皮构造：前陆沉积盖层在基底上滑脱变形，基底没有被卷入，层变形的褶皱逆冲带向下终止于巨大的底板滑脱面上，因而盖层与基底构成显著的构造不协调现象。薄皮构造的典型构造样式是侏罗山式褶皱）的一部分，是由其南边的班公错—怒江断层带和北边的澜沧江断层带夹峙的一个推覆体。

地貌特征

唐古拉山是在 5000 米的高原上耸起来的山脉，海拔 6839 米。它的山顶是约 5000 米的准平原，面上的山脊已在雪线以上（雪线为

5300 米）。唐古拉山山体宽 150 千米以上，主峰各拉丹冬是长江正源沱沱河的发源地。现在还有小规模更新世冰川残留，刃脊、角峰、冰川地形普遍，中更世形成的冰川比今天的大约 28 倍。准平原面上可成小片冰盖，它的两坡冰川堆积物厚达 800 米以上。冰川消融后，山地就急速上升。两侧则承受更多的泥沙石砾发生地层下陷，形成近东西走向的湖区和喷出温泉。山坡上形成喀斯特地形。南坡比北坡的冰川少，但冰川地形以南坡发育。

唐古拉山是长江和怒江的分水岭，在国内的知名度非常高。它与喀喇昆仑山脉相连，在蒙语中意为"雄鹰飞不过去的高山"。唐古拉山西段为藏北内陆水系与外流水系的分水岭，东段则是印度洋和太平洋水系的分水岭。怒江、澜沧江和长江都发源于唐古拉山南北两麓。

景点推荐

入藏后的第一个城镇——安多

铁路自唐古拉山口前行，抵达入藏后的第一个城镇安多。

安多，藏语意为"末尾或下部的岔口"。它地处西藏北部的唐古拉山脚下。年均气温－3℃，7 月平均气温不到 8℃，是一个纯牧业县，以饲养藏系绵羊和牦牛为主。但在县东局部谷地小气候环境下仍辟有少量农地，那里的海拔在 4000 米左右，方形民居院落聚集，山谷小村落景色格外幽美、宁静。青藏铁路与公路都贯穿县境，往南经那曲镇直达拉萨市，距拉萨有 445 千米。

在唐古拉山主脉的包围中，无数高原山峰逶迤连绵、高低起伏，向东还有可可西里山。境内湖泊与河流交汇纵横，有长江、怒江和色林错的源流水系从这里流过。它西邻羌塘高原无人区，空气稀薄，昼夜温差大，四季不分明，多风雪天气。安多光伏电站则是世界海拔最高、国内装机容量最大的太阳能发电工程，装机容量达100千瓦。

安多是藏北重要的交通枢纽，是青藏公路和安狮公路的会合处。县城所在的帕那镇坐落在河谷的出口，再向前就是开阔的草原。青藏公路3429千米的标志，在安多县城边，公路边建有运输服务站。

安多火车站是青藏铁路进入西藏的第一大客货两用车站，青藏铁路西藏境内首次铺轨仪式就是在安多火车站举行的。发源于唐古拉山各拉丹东的长江源头自然景观十分奇特，这里有冰笋、冰桥、冰斗、冰湖、冰舌等冰川地貌。随着青藏铁路的开通，这里有望成为世界级的旅游胜地。长江源景观带的最后一个景点就是世界铁路最高点——海拔5072米的唐古拉火车站，相信所有的旅客都会在这里下车照相留念。翻过唐古拉山就进入了西藏地界，你将看到美丽的羌塘草原。唐古拉山车站海拔5068米，站内设计为三种特殊路基。唐古拉山以桥代路特大桥，全长738米，线路穿越唐古拉山越岭年冻土区地段。

安多牧区的人们热情好客，每当来客都要迎上前问一声"嘎地"（辛苦了）或行贴颊礼。行人在途中或晚上到了居住点，主人会把客人请到家里，拿出最好的食物款待，让出最好的房子和帐篷给客人住，并拿出自己最好的被褥。客人上路时，他们扶客人上马，送上一程，说声"才仁"（祝您长寿）。纯朴的民风令人感慨不已。

第三节　横断山脉

横断山脉是我国四川、云南两省西部和西藏自治区东部一系列南北向平行山脉的总称。山岭海拔多在 4000～5000 米，岭谷高差一般在 1000～2000 米以上。因为山高谷深，横断东西间交通，所以叫横断山脉。它是世界年轻山系之一，是我国最长、最宽和最典型的南北向山系，唯一兼有太平洋和印度洋水系的地区。山岭自西而东包括伯舒拉岭、高黎贡山、怒山、宁静山、云岭、沙鲁里山、大雪山、邛崃山等。在北纬 25°～29°40′之间基本上是南北走向；北纬 29°40′以北向西北展开；北纬 25°以南向东南撒开。总地势北高南低，高于 5000 米的山峰多有雪峰、冰川。位于北纬 27°10′的玉龙雪山海拔 5596 米，为我国纬度最南的现代冰川分布区。山岭褶皱紧密，断层成束，怒江、澜沧江、金沙江、大渡河、安宁河等许多大河都沿深大断裂发育，各条断裂带在第四纪都有活动。怒江以西的腾冲地区有第四纪火山群，龙陵、潞西一带近年曾发生过强烈地震。

地质特征

横断山脉是由于印支运动使区内褶皱隆起成陆，并形成一系列断陷盆地。盆地中堆积有侏罗系、白垩系地层。燕山运动又发生褶皱和断裂。直到第三纪中期，地壳缓慢上升，经受了长期剥蚀夷平，形成广阔夷平面。第三纪末期至第四纪初期，构造运动异常活跃，统一的夷平面变形、解体，岭谷高差趋于明显。第四纪经历多次冰川作用。区内丘状高原面和山顶面可连接为一个统一的"基面"，"基面"上有山岭，下为河谷和盆地；横断山脉岭谷高差悬殊。邛崃山岭脊海拔 3000 米以上，主峰四姑娘山海拔 6250 米，其东南坡相对高差达 5000 多米。

地貌特征

横断山脉位于我国地势第二级阶梯与第一级阶梯的交界处。横断山脉南北差异大，北纬 27°40′以南的地带性植被为亚热带常绿阔叶林。西部受西南季风影响多地形雨，温和湿润；云岭一带湿度减低，背风谷地更为干旱。山地植被以云南松为主，农业区主要在2800 米以下。2300 米以下有茶、油桐、核桃、板栗等经济林木。北纬 27°40′以北垂直分带明显，2800～3800 米分布有高山松林、云南松林，阴坡为云杉林；3900～4200 米为冷杉、红杉林；4200 米以上为高山灌丛、草甸带；4800～5200 米植被稀疏。农作物上限在 3910米左右。北纬 30°以北，3200～4200 米为寒温带针叶林，以云杉林为主。横断山脉为我国重要林区，由于山势坡度大，采伐不当，导致水土流失严重。横断山脉各处野生植物资源丰富，盛产贝母、冬虫夏草、大黄、党参、五味子、天麻等药材。

横断山脉由于走向特殊、地理位置特殊，它在地理、地质、生物、水文等诸多科学领域有重要意义。横断山脉成为印度洋的暖湿气流进入我国的通道。印度洋的暖湿气流被喜马拉雅山脉和冈底斯山脉两条东西向的高大山脉所阻挡，沿南北走向的横断山脉进入我国，给青藏高原东南地区带来丰沛雨水，进而对这里冰川的发育、植物的分布有重大影响。由于横断山脉的形成过程是逐渐由近东西走向变为近南北走向的，所以这里的生物逐渐进化出非常特殊的适应性，成为动物、植物学研究的热点地区。另外由于横断山脉的交通困难，许多地方很少受外来影响，保存了许多少数民族独特文化和未被破坏的自然景观。

横断山脉也是我国重要的有色金属矿产地。其中金沙江、澜沧江和怒江成矿带以有色金属为主的各种矿藏多达百种以上；雅砻江和金沙江交汇处一带的成矿带富含钒钛磁铁矿，如攀枝花地区是我国铁矿储量很大的地区之一，同时又是我国生产钒钛金属和其他有色金属及稀有金属的重要基地。横断山脉还是我国主要水能资源分布区。如金沙江以枯水位计算，干流落差达 3000 多米，包括支流在内，水能蕴藏量近 1 亿千瓦。

区内条件对动植物的生存发展极为有利。植被具有古北植物区系、中亚区系、喜马拉雅区系和印度马来亚区系多种成分。多古植物的孑遗种属，如乔杉、铁杉、连香树、水青树、珙桐等，特别是第三纪的古老植物种类如云杉属和冷杉属种类占全国一半以上。森林资源富饶而广布，是我国第二大林区——西南林区的主体部分。森林种类极为复杂，经济林木和果木丰富，盛产贝母、冬虫夏草、天麻、大黄、三七、麻黄等各种中药材。花卉种类更为繁多，尤以各种杜鹃花、报春花和山茶花为著。动物兼具东洋界西南区、古北界青藏高原区和北方华北区等多种成分，兽类、鸟类和鱼类约占全国总数一半以上。珍贵稀有动物属国家保护的有大熊猫、金丝猴、黑金丝猴、白唇鹿、牛羚、野牛、野象、长臂猿、小熊猫、班羚、林麝、豹、云豹、马麝、水鹿、藏雪鸡、绿尾红雉、血雉等。

景点推荐

香格里拉

香格里拉位于云南省的西北部横断山脉的心脏——迪庆藏族自治州，是三峡云南三江并流保护区腹地。州内最高海拔 6740 米，最低海拔 1480 米，州府所在地中甸建塘镇海拔 3228 米，州府距昆明 660 千米，距拉萨 1640 千米。迪庆的自然地理特点可以概括为"三山峡两江一坝"。"三山"即怒山山脉、云岭山脉、贡嘎山脉，纵贯南北，平行并列；梅里雪山、白茫雪山、哈巴雪山三山鼎立于群峰之上；"两江"即金沙江、澜沧江；"一坝"即大小中甸坝子。历史上迪庆是"茶马古道"的必经之路，是西南"丝绸之路"的一个重要物资中转站。

香格里拉素有"高山大花园"、"动植物王国"、"有色金属王国"的美称。这里垂直气候明显，平均气温低，日照长，昼夜温差大，年平均气温 5.4℃，最低气温 −27.4℃。从颇具江南特色的金沙江畔到白雪皑皑的雪山峡谷，能使人在一天之内"走"完世界各类气候风景带。另外具有藏族风情。

香格里拉的主要景点有虎跳峡、碧塔海、松赞林寺、白水台、纳帕海、依拉草原、梅里雪山、白茫雪山、小中甸花海、藏民家访、香格里拉大峡谷、萨马阁自然保护区、达摩祖师洞、普达措国家森林等。

金沙江从石鼓突然急转北流约 40 千米后，在中甸县桥头镇闯进玉龙雪山和哈巴雪山之间，穿山削岩，劈出了一个世界上最深、最窄、最险的大峡谷——虎跳峡。虎跳峡的上峡口海拔 1800 米，下峡口海拔 1630 米，两岸山岭和江面相差 2500～3000 米，谷坡陡峭，蔚为壮观。江流在峡内连续下跌 7 个陡坎，落差 170 米，水势汹涌，声闻数里，旧时曾因山崩截断江流，至今尚有崩积物遗留。

虎跳峡分为上虎跳、中虎跳和下虎跳三段，共 18 处险滩。江面最窄处仅 30 多米，江水被玉龙、哈巴两大雪山所挟持，海拔高差 3900 多米，峡谷之深，位居世界前列。虎跳峡是世界上著名的大峡谷，以奇险雄壮著称于世。虎跳的景分为峡景和山景，上、中、下虎跳之景都是峡景，主要在峡谷左侧山腰的碎石公路一线观赏；山景是指徒步巴哈雪山看到的景观。

梅里雪山

梅里雪山又称雪山太子，位于云南省东北约 10 千米的横断山脉中段怒江与澜沧江之间，平均海拔在 6000 米以上的有 13 座山峰，称为"太子十三峰"，主峰卡瓦格博峰海拔高达 6740 米，是云南的第一高峰。

由于太子雪山的地势北高南低，河谷向南敞开，气流可以溯谷而上，受季风的影响大，干湿季节分明，且山体高峻，又形成迥然不同的垂直气候带。4000 米雪线以上的白雪群峰峭拔，云蒸霞蔚；山谷中冰川延伸数千米，蔚为壮观。较大的冰川有纽恰、斯恰、明永恰。而雪线以下，冰川两侧的山坡上覆盖着茂密的高山灌木和针叶林，郁郁葱葱，与白雪相映出鲜明的色彩。林间分布有肥沃的天然草场，另外，竹鸡、獐子、小熊猫、马鹿和熊等动物也活跃其间。

高山草甸上还盛产虫草、贝母等珍贵药材。梅里雪山不仅地形复杂，气候变化更为复杂，每年夏季，山脚河谷气温可达 11℃～

29℃，高山则为－10℃～20℃。年降水量平均为 600 毫米，大都集中在 6～8 月，此期间气候极不稳定，是登山的气候禁区。

梅里雪山是藏传佛教的八大神山之首，在藏民心目中有不可代替的地位。战神至今还是一座处女峰，没有人能登顶征服它。1989 年中日联合登山队试图冲击顶峰，在即将成功登顶时遭遇暴风雪，登山队全军覆没。

第四节　冈底斯山脉

冈底斯藏语意为"众山之主"。冈底斯山脉横贯我国西藏自治区西南部，与喜马拉雅山脉平行，呈西北—东南走向，属褶皱山。它东接念青唐古拉山脉，长 1100 千米，海拔约 6000 米。玛法木错以北的主峰冈仁波齐峰，海拔 6656 米，位于普兰县。最高峰为冷布岗日，海拔 7095 米。喇嘛教以冈底斯山为宇宙中心，尊为圣地。尼泊尔人、印度人则以此山为湿婆（印度教三尊神之一）的乐园。在佛教中被认为是宇宙的中心，在苯教中被认为是世界的中心。在西藏的传说中，这里是神的居所。冈仁波齐峰和纳木那尼峰间的玛旁雍错为圣湖，香客多来此朝拜。由巴噶经普兰，沿孔雀河谷有道路通往尼泊尔。地势高耸，为内陆水系和印度洋水系的分水岭。印度河上源狮泉河发源于冈底斯山北侧，朗钦藏布（象泉河）发源于山南，进入印度境内称萨特累季河。冈底斯山南北两侧均为地震活动带，曾多次发生过 6 级以上地震。

地质特征

冈底斯山脉开始隆起约白垩纪中期，至早始新世后又经强烈上升。有人认为冈底斯山脉是印度地块与亚洲地块中晚始新世相撞、挤压、断裂与褶皱上升的结果，两地块的缝合线在冈底斯山脉南麓、印度河—雅鲁藏布江谷地一带。

冈底斯山西藏自治区冈底斯地区火山岩分布广泛。时间上从前震旦纪到第四纪都有不同的发育；分布地区上看，前二叠纪火山岩主要分布在西藏的东北部地区；华力西期—印支期火山岩主要分布于中东部地区；燕山期是西藏火山岩发育的鼎盛时期，主要分布于西藏的中南部地区；喜马拉雅期火山岩主要分布于冈底斯地区和其北部的可可西里地区。

地貌特征

冈底斯山脉是青藏高原南北重要的地理界线，西藏印度洋外流水系与藏北内流水系的主要分水岭。其走向受噶尔藏布—雅鲁藏布江断裂的控制。冈底斯山脉西起喀喇昆仑山脉东南部的萨色尔山脊（北纬 34°15，东经 78°20′），东延伸至纳木错西南（约北纬 29°20′，东经 89°10′），与念青唐古拉山脉衔接，海拔一般 5500～6000 米。西段呈东南走向，主要支脉阿隆干累山以同一走向并列于主脉北侧，山体宽约 60～70 千米。位于该段的主峰——冈仁波齐峰，乃佛教著名圣山，在佛经中称为"底息"，为信徒朝拜巡礼之地，据说绕它转1 圈可洗涤罪孽，10 圈可以在轮回中免受苦难，100 圈可升天成佛。

该峰底部为燕山期花岗岩，其上为厚达 2000 米的始新世砾岩和砂岩层；峰体呈锥状。在东经 84°左右，山脉转为东西走向，山体渐宽，至东段宽达 100 千米。山脉中段因北西、北东两组构造断裂活动形成许多纵向块断山地和陷落湖盆或谷地，山形零乱、脉络不清。东段海拔 7095 米的罗波峰为冈底斯山脉最高峰。

景点推荐

神山冈仁波齐

冈仁波齐是世界公认的神山，同时被印度教、藏传佛教、西藏原生宗教苯教以及古耆那教认定为世界的中心。岗仁波齐并非这一地区最高的山峰，但是只有它终年积雪的峰顶能够在阳光照耀下闪耀着奇异的光芒，夺人眼目。加上特殊的山形，与周围的山峰迥然不同，让人不得不充满宗教般的虔诚与惊叹。

冈仁波齐是冈底斯山的主峰。冈仁波齐峰形似金字塔（藏民称像"石磨的把手"），四壁非常对称。由南面望去可见到它著名的标志：由峰顶垂直而下的巨大冰槽与一横向岩层构成的佛教万字格（佛教中精神力量的标志，意为佛法永存，代表着吉祥与护佑）。冈仁波齐峰经常是白云缭绕，当地人认为如果能看到峰顶是件很有福气的事情。

冈仁波齐在藏语中意为"神灵之山"，在梵文中意为"湿婆的天堂"（湿婆为印度教主神），苯教更是发源于此。从印度创世史诗《罗摩衍那》以及藏族史籍《冈底斯山海志》、《往世书》等著述中的记载推测，人们对于冈仁波齐神山的崇拜可上溯至公元前 1000 年左右。据苯教经典描述：一条从冈仁波齐而下的河，注入不可征服的湖泊——玛旁雍湖。有四条大河由此发源，流向东、南、西、北四方。流向东方的是当却藏布马泉河（下游为布拉马普特拉河），绿宝石丰富，饮此水的人们如朗驹一般强壮；流向南方的是马甲藏布孔雀河（下游为恒河），银沙丰富，饮此水的人们如孔雀一般可爱；流向西方的是朗钦藏布象泉河（下游为苏特累季河），金矿丰富，饮此水的人们壮如大象；流向北方的是森格藏布狮泉河（下游为印度河），钻石矿藏丰富，饮此水的人们勇似雄狮。每年有络绎不绝的来自印度、不丹、尼泊尔以及我国各大藏族聚居区的朝圣队伍，使得这里的神圣意味绵延了几千年。

印度人称这座山为 Kailash，也认为这里是世界的中心。印度教里三位主神中法力最大、地位最高的湿婆，就住在这里。而印度的印度河、恒河的上游都在此发源，所以，现在在冈仁波齐见到大批的印度朝圣者就不奇怪了。

几个世纪以来，岗仁波齐一直是朝圣者和探险家心目中的神往之地，但是至今还没有人能够登上这座神山，或者说至今还没有人胆敢触犯这座世界的中心。旅行者把目光投向这块圣洁之地不过是最近几年才有的事，不过人数依然不多，这或许是一件值得庆幸的事情。

冈仁波齐周围共有 5 座寺庙。年日寺为转山第一站，以后依次为止拉浦寺、松楚寺（也称幻变寺）、江扎寺和赛龙寺，其中后两座寺位于内线。这五座寺庙都有不少脍炙人口的传说故事，并留存有丰富的雕刻、塑像、壁画等文物，但如今都程度不同地毁坏了。

第五节　念青唐古拉山脉

　　"念青唐古拉"藏语意为"灵应草原神"，由此可见藏民对它的崇敬和希望。在羊八井以北 20 多千米，青藏公路西侧的当雄草原上，西北—东南走向排列着念青唐古拉山脉的四座 7000 米以上的山峰。主峰念青唐古拉峰海拔 7111 米，山岭陡峻。

　　念青唐古拉山脉的西北侧为藏北大湖区，其中最大的是纳木错湖。拉萨市位于山脉东南侧。东段波密县、察隅县一带的河谷下降到海拔 2000～3000 米，形成高山深谷。整条山脉降水量大，有利于冰川发育，为海洋性季风冰川区。察隅县北部的阿扎冰川源出海拔 6610 米的若尼峰，峰上雪线不过 4600 米，冰川延伸 20 千米，末端下降到 2500 米，穿行于森林带中，形成蓝白两水相互交融的雪域奇观，是雅鲁藏布江与怒江的分水岭。

地质特征

　　念青唐古拉山脉属断块山。它西接冈底斯山脉，东南延伸与横断山脉伯舒拉岭相接，中部略为向北凸出，同时将西藏划分成藏北、藏南、藏东南三大区域，长 700 千米，终年白雪皑皑，云雾缭绕。念青唐古拉山脉形成于燕山运动晚期，西段为断块山，南侧当雄盆地为一断裂凹陷，故南侧地势陡峭，相对高差达 2000 米左右，地势雄伟；北侧山势较和缓，相对高差 1000 米左右。

念青唐古拉山脉的四座山峰及其周边地区曾受到强烈的第四纪冰川作用，形成了如今较为陡峭的山岭，尤其西北坡更是陡峭异常，山势笔直，险要壮观。主峰顶部形似鹰嘴，多断岩峭壁。白天云雾缭绕，常年为冰雪覆盖。它有三条主要山脊：西山脊、东山脊和南山脊。受地形影响该地区冰川发育受到很大的限制。北坡附近，主要以横向的山谷冰川和悬冰川为主，悬冰川冰舌末端往往高达 5700 米。南北两侧的峡谷中横卧着两条冰川，直泻而下，多冰陡墙和明暗裂缝，险恶万分而又奇特壮观。由于地形陡峭，该地区冰崩、雪崩十分普遍，尤其陡峭的西北坡，当冰雪层的深度、厚度发生变化时，往往会发生大规模的冰雪崩。另外在发育完好的现代冰川的侧碛和尾碛地区，经常发生大规模滚石。

这里的地热资源十分丰富，除分布有常见的温泉、喷泉外，还有喷气孔、热水河、热水湖、热水沼泽等，是世界上少见的地热"博物馆"。这里现建有我国最大的地热电站、旅游温室和温泉浴馆，这里的浴水滑润而富有弹性，是消除疲劳和治疗疾病的理想之所。

地貌特征

念青唐古拉山脉以山谷冰川为主的现代冰川发育，冰川面积 7536 平方千米，为青藏高原东南部最大的冰川区。山脉东段受印度洋西南季风影响，降水多，雪线海拔低，约 4500 米，因而冰川分布集中，占整条山脉冰川总面积的 5/6，且有 90% 分布于南侧迎风坡上，为中国海洋性冰川集中地区之一。其中有 27 条冰川长度超过 10 千米，许多冰川末端已伸入到森林地带。如易贡八玉沟的卡钦冰川长达 33 千米，冰川末端海拔仅 2530 米，为西藏最大冰川，也是我国最大的海洋性冰川。古冰斗、"U"形槽谷、终碛垄堤、羊背石、冰碛丘阜及冰蚀湖、堰塞湖（如然乌错、易贡错）等古冰川遗迹分布较多。山崩、滑坡及泥石流活动频繁，是西藏主要泥石流暴发区。如波密附近著名的古乡泥石流，即是川藏公路线上一大障碍。

山脉西段位于半干旱气候地区，发育有大陆性冰川，面积小、规模有限，雪线高度升高到 5700 米。然而，西段山脉却是青藏高原上一条重要的地理界线，与冈底斯山脉同样，不仅是内外流水系分水岭，也是高原上寒冷气候带与温暖（凉）气候带的界线。界线以北的羌塘高原以高寒草原景观占优势，土地利用以牧业为主；界线以南即通常所称的"藏南地区"，为亚高山草原与山地（河谷）中旱生灌丛草原景观，种植业集中，为著名的"西藏粮仓"。波密一带为西藏主要林产区之一。在海拔较低的易贡、通麦等暖热地区尚有以高山栎、青冈为代表的常绿阔叶林及铁杉林分布。青藏、川藏两条重要公路干线穿越念青唐古拉山脉。桑雄拉与安久拉分别为山脉西段与东段的主要山口。

景点推荐

念青唐古拉山

在拉萨以北 100 千米处，屹立着举世闻名的念青唐古拉大雪山，北沿是纳木错，山顶最高处海拔 7117 米，终年白雪皑皑，云雾缭绕，雷电交加，神秘莫测，如同头缠锦锻、身披铠甲的英武之神，高高地矗立在雪山、草原和重重峡谷之上。

念青唐古拉山在宗教上是全藏著名的护法神，也是北部草原众神山的主神，苯教和佛教信徒都敬奉此山，认为此山是修得正果的诸持明者的修行静地和欢聚处。

在西藏古老的神话里，在苯教或藏传佛教的万神殿中，在当地牧羊人和狩猎者的民歌和传说里，念青唐古拉山和纳木错不仅是西藏最引人注目的神山圣湖，而且是生死相依的情人和夫妇，念青唐古拉山因纳木湖的衬托而显得更加英俊挺拔，纳木错湖因为念青唐古拉山的倒映而愈加绮丽动人，吸引着成千上万的信徒、香客、旅游者前来观瞻朝拜，成为世界屋脊上最大的宗教圣地和旅游景观。

今天我们见到的念青唐古拉山是一座银装素裹的雄峰，当地民间传说中称，里面有一座神秘的水晶宫，宫门上镶有各种宝石，光芒四射，宫底是甘露之海，中部缭绕着虹光彩雾，宫顶白云悠悠，宝石般的雨露时停时落，多姿多彩的鲜花盛开在它的四周。高高低低的雪峰，像水晶之塔烘托和环绕着这座神圣峰峦，在日月莲花垫般的峻岭上，立着一尊天鹅般的神马，各种宝石镶嵌在华贵的马鞍上边，具有金刚焰饰的大神，肤色白皙、面带微笑、三只眼睛闪闪发光，雪白的长绸缠着他的顶髻。右手高举装饰着五股金刚杵藤鞭，左手拿着水晶念珠，身披白、红、蓝三色缎面披风，以各种宝贝作装饰，显得年轻英俊而且威严。

🌸第六节　喜马拉雅山脉

喜马拉雅山是世界上最高大、最雄伟的山脉。它耸立在青藏高原南缘，分布在我国西藏和巴基斯坦、印度、尼泊尔和不丹等国境内，其主要部分在我国和尼泊尔交接处。它西起帕米尔高原的南迦帕尔巴特峰，东至雅鲁藏布江急转弯处的南迦巴瓦峰，全长约 2500 千米，宽 200～300 千米。

亚洲雄伟的山脉——喜马拉雅山脉包括了世界上多座高峰。喜马拉雅山脉由几列大致平行的山脉组成，呈向南凸出的弧形，在我国和尼泊尔境内的是它的主干部分。平均海拔高达 6000 米，是世界上最雄伟的山脉。海拔 7000 米以上的高峰有 40 座，8000 米以上的高峰有 11 座（截止 1997 年，全世界 8000 米以上高峰仅 15 座），主峰珠穆朗玛峰海拔 8844.43 米，为世界第一高峰。

"珠穆朗玛"是藏语女神第二的意思。她银装素裹，亭亭玉立于地球之巅，俯视人间，保护着善良的人们。她时而出现在湛蓝的天空中，时而隐藏在雪白的祥云里，更显出她那圣洁、端庄、美丽和神秘的形象。喜马拉雅山脉上的这些山的伟岸峰巅耸立在永久雪线之上。数千年来，喜马拉雅山脉对于南亚民族产生了深刻的人格化影响，其文学、政治、经济、神话和宗教都反映了这一点。冰川覆盖的浩茫高峰早就吸引了古代印度朝圣者们的瞩目，他们据梵语词 hima（雪）和 alaya（域）为这一雄伟的山系创造了"喜马拉雅山"这一梵语名字。如今喜马拉雅山脉成为对全世界登山者们最具吸引力的地方，同时也向他们提出最大的挑战。

该山脉形成印度次大陆的北部边界及其与北部大陆之间几乎不可逾越的屏障，系从北非至东南亚太平洋海岸环绕半个世界的巨大山带的组成部分。

地质特征

据地质考察证实，早在 20 亿年前，现在的喜马拉雅山脉的广大地区是一片汪洋大海，称古地中海，它经历了整个漫长的地质时期，一直持续到距今 3000 万年前的新生代早第三纪末期，那时，这个地区的地壳运动总的趋势是连续下降。在下降过程中，海盆里堆积了厚达 30000 多米的海相沉积岩层。到早第三纪末期，地壳发生了一次强烈的造山运动，在地质上称为"喜马拉雅运动"，使这一地区逐渐隆起，形成了世界上最雄伟的山脉。经地质考察证明，喜马拉雅的构造运动至今尚未结束，仅在第四纪冰期之后，它又升高了 1300～1500 米，现在还在缓缓地上升之中。

喜马拉雅山脉是从阿尔卑斯山脉到东南亚山脉这一连串欧亚大陆山脉的组成部分，所有这些山脉都是在过去 6500 万年间由造成地壳巨大隆起的环球板块构造力形成的。

大约 18000 万年以前，在侏罗纪，一条深深的地槽——特提斯洋与整个欧亚大陆的南缘交界，古老的贡德瓦纳超级大陆开始解体。贡德瓦纳的碎块之一形成印度次大陆的岩石圈板块，在随后的 13000 万年间向北运动，与欧亚板块发生碰撞；印度—澳大利亚板块逐渐将特提斯地槽局限于自身与欧亚板块之间的巨钳之内。

在其次的 3000 万年间，由于特提斯洋海底被向前猛冲的印—澳板块推动起来，它的较浅部分逐渐干涸，形成西藏高原。在高原的南缘，边际山脉（今外喜马拉雅山脉）成为这一地区的首要分水岭并升高到足以成为气候屏障。

只是在过去的 60 万年间，在更新世（160 万～1 万年以前），喜马拉雅山脉才成为地球上的最高山脉。

大喜马拉雅山脉一旦成为气候屏障，北面的边际山脉便被剥夺了雨，变得就像青藏高原一样干燥。

地貌特征

　　喜马拉雅山脉最典型的特征是扶摇直上的高度，一侧陡峭参差不齐的山峰、令人惊叹不止的山谷和高山冰川、被侵蚀作用深深切割的地形、深不可测的河流峡谷、复杂的地质构造，表现出动植物和气候不同生态联系的系列海拔带（或区）。从南面看，喜马拉雅山脉就像是一弯硕大的新月，主光轴超出雪线之上，雪原、高山冰川和雪崩全都向低谷冰川供水，后者从而成为大多数喜马拉雅山脉河流的源头。不过，喜马拉雅山脉的大部却在雪线之下。创造了这一山脉的造山作用至今依然活跃，并有水流侵蚀和大规模的山崩。

　　喜马拉雅山脉可以分为 4 条平行的纵向的不同宽度的山带，每条山带都具鲜明的地形特征和自己的地质史。它们从南至北被命名为外或亚喜马拉雅山脉、小或低喜马拉雅山脉、大或高喜马拉雅山脉，以及特提斯或西藏喜马拉雅山脉。

　　喜马拉雅山脉自南向北大致可分为三带：南带为山麓低山丘陵带，海拔 700～1000 米左右；中带为小喜马拉雅山带，海拔 3500～4000 米左右；北带是大喜马拉雅山带，是喜马拉雅山系的主脉，由许多高山带组成，宽约 50～60 千米，平均海拔在 6000 米以上，数十个山峰的海拔在 7000 米以上，其中包括世界第一高峰珠穆朗玛峰。各山峰终年为冰雪覆盖，呈一片银色世界。

　　喜马拉雅山脉在地势结构上并不对称：北坡平缓，南坡陡峻。在北坡山麓地带，是我国青藏高原湖盆带，湖滨牧草丰美，是良好的牧场。流向印度洋的大河，几乎都发源于北坡，切穿大喜马拉雅山脉，形成 3000～4000 米深的大峡谷，河水奔流，势如飞瀑，蕴藏

着巨大的水力资源。喜马拉雅山连绵成群的高峰挡住了从印度洋上吹来的湿润气流。因此，喜马拉雅山的南坡雨量充沛，植被茂盛，而北坡的雨量较少，植被稀疏，形成鲜明的对比。随着山地高度的增加，高山地区的自然景象也不断变化，形成明显的垂直自然带。

喜马拉雅山脉作为一个影响空气和水的大循环系统的气候大分界线，对于南面的印度次大陆和北面的中亚高地的气象状况具有决定性的影响。由于位置和令人惊叹的高度，大喜马拉雅山脉在冬季阻挡来自北方的大陆冷空气流入印度，同时迫使（带雨的）西南季风在穿越山脉向北移动之前捐弃自己的大部水分，从而造成印度一侧的巨大降水量（雨雪兼有）和西藏的干燥状况。南坡年平均降雨量因地而异，在西喜马拉雅的西姆拉和马苏里为 1530 毫米，在东喜马拉雅的大吉岭则达 3048 毫米。而在大喜马拉雅山脉以北，在诸如印度河谷的查谟和克什米尔地带的斯卡都、吉尔吉特和列城，只有 76～152 毫米的降雨量。

当地地形和位置决定气象的变化，不仅在喜马拉雅山脉的不同地方气候不齐，甚至就是在同一山脉的不同坡向也有差异。例如，马苏里城在面对台拉登的马苏里山脉之巅，高度约为 1859 米，由于这一有利位置，年降雨量为 2337 毫米，而西姆拉城在其西北一系列高度为 2205 米的山岭之后约 145 千米的地方，记录到的年降雨量为 1575 毫米。东喜马拉雅山脉比西喜马拉雅山脉纬度低，较为温暖；记录到的最低温度在西姆拉，为 -25℃。5 月份平均最低温度，在大吉岭 1945 米的高度记录到的是 11℃。同月，在邻珠穆朗玛峰近 5029 米的高度，最低温度约为 -8℃；在 5944 米，气温降到 -22℃，最低温度为 -29℃；白天，在能避开时速超过 161 千米的强风的地区，即使在这样的高度，太阳也多是和煦温暖的。

南坡从海拔仅 2000 多米的河谷上升到 8000 多米的山峰，河谷的水平距离不过几十千米，自然景象却迅速更替：低处温暖湿润，常绿阔叶林生长得郁郁葱葱，形成常绿阔叶林带；海拔升高，气温递减，喜温的常绿阔叶树逐渐减少，以至消失，而耐寒的针叶树则渐增加，在 2000 米以上为针叶林带；再往高处，热量不足，树木生长困难，由灌丛代替森林，出现灌丛带；在 4500 米以上为高山草甸带；5300 米以上为高山寒漠带；更高处为高山永久积雪带。北坡气候干寒，降水量少，自然景观的垂直分布的层次也比南坡少得多。

南坡雪线比北坡低，雪线高低的影响因素有两个：一是温度，即阴坡阳坡的问题，阳坡温度高，雪线高，阴坡温度低雪线低；二是降水量，即迎风坡背风坡的问题，迎风坡降水量大，雪线低，背风坡降水量小，雪线高（降雪速度与融雪速度的问题）。两个因素哪个影响为主很难区分，但现在见到的问题基本上表现出来降水量的影响要大于温度的影响，即迎风坡背风坡的问题大于阴坡阳坡的问题。

景点推荐

珠穆朗玛峰

珠穆朗玛峰，简称珠峰，又意译作圣母峰，尼泊尔称为萨加马塔峰，也叫埃非勒士峰，位于我国和尼泊尔交界的喜马拉雅山脉之上，终年积雪。它高 8844.43 米，为世界第一高峰，是我国最美的、令人震撼的十大名山之一。

珠穆朗玛峰峰高势伟，地理环境独特，峰顶的最低气温常年为

−34℃。山上一些地方常年积雪不化，冰川、冰坡、冰塔林到处可见。眺望珠穆朗玛峰，确实神奇美丽，无论那云雾之中的山峦奇峰，还是那耀眼夺目的冰雪世界，无不引起人们莫大的兴趣。不过，人们最感兴趣的，还是飘浮在峰顶的云彩。这云彩好像是在峰顶上飘扬着的一面旗帜，因此这种云被形象地称为旗帜云或旗状云。

珠穆朗玛峰旗云的形状姿万言书万千，时而像一面旗帜迎风招展；时而像波涛汹涌的海浪；忽而变成袅娜上升的炊烟；刚刚似万里奔腾的骏马；一会儿又如轻轻飘动的面纱。这一切，为珠穆朗玛峰增添了不少绚丽壮观的景色，堪称世界一大自然奇观。

珠峰地区及其附近高峰的气候复杂多变，即使在一天之内，也往往变化莫测，更不用说在一年四季之内的翻云覆雨。大体来说，每年6月初至9月中旬为雨季，强烈的东南季风造成暴雨频繁，云雾弥漫，冰雪肆虐无常的恶劣气候。11月中旬～来年2月中旬，因受强劲的西北寒流控制，气温可达−60℃，平均气温在−40℃～−50℃之间。最大风速可达90米/秒。每年3月初～5月末，这里是风季过渡至雨季的春季，而9月初～10月末是雨季过渡至风季的秋季。在此期间，有可能出现较好的天气，是登山的最佳季节。

樟木口岸

樟木地处中尼边境喜马拉雅山中段南麓沟谷坡地上，海拔2300米，是一座依山而建的小镇。周围自然环境很美，现代化建筑和一些古老的木结构房屋依山交替地散落在盘山而下的公路两侧。

樟木这一带属于亚热带，气候潮湿，风景宜人。其建筑以二三层的小楼房为主，材质有石料、木板以及砖混等。由于樟木镇是依坡而建，街道拐弯很多，整个镇的房屋布置比较随意，高低错落明

显，层层紧挨，全由街道和石阶相沟通。大多数屋顶都有小花园和铁皮屋顶，各种风马旗、运气树等布满屋顶，将整个城镇打扮得花花绿绿的，在周围青山绿水和白云的环抱中，显得非常醒目。作为一个非常繁忙的通商口岸，镇里车水马龙，常常水泄不通。公路两旁，商店密密麻麻约有几百家，经营着各种各样的物品，能看到不少印度、尼泊尔等地的商品。除藏族和汉族外还有很多印度人和尼泊尔人，各种肤色的游客、商人来来往往。

樟木口岸是目前我国通向南亚次大陆最大的开放口岸，位于喜马拉雅山中段南坡，其东、南、西面与尼泊尔接壤，为国家一级公路——中尼公路的咽喉。樟木口岸距拉萨 736 千米，距加德满都 120 千米，是我国和尼泊尔之间进行政治、经济、文化交流的主要通道。面对尼泊尔中腹地区，畅通的中尼公路带来了樟木边境贸易市场的发展和繁荣，地理上形成了从樟木口岸到日喀则、江孜、拉萨以至国内兄弟省区的连接。口岸气候较好，海拔 2400 米，国界友谊桥头 1700 米。口岸交通方便，能源、通讯等基础设施基本保障，海关、银行、工商、联检、公安等管理机构健全。

第三章 青藏高原上的河流

辽阔的青藏高原是地球上最高，也是最集中的江河之源。我国的长江、黄河、澜沧江、怒江、雅鲁藏布江等五条世界级的大河之源均在这里。高原上还吸纳了无数条支流，形成河道纵横，水网庞大的河流湿地。

第一节 长江

长江，亚洲第一长河，全长 6397 千米。它发源于青藏高原唐古拉山的主峰各拉丹冬雪山。长江是世界第三长河，仅次于非洲的尼罗河与南美洲的亚马逊河，水量也是世界第三，总面积 1808500 平方千米（不包括淮河流域），约占全国土地总面积的 1/5，和黄河一起并称为"母亲河"。它源远流长，孕育了华夏文明，孕育了中华民族，哺育了一代又一代中华儿女。

长江水量和水力资源丰富。盛水期，万吨轮可通武汉，小轮可上溯宜宾。长江流域是我国人口密集，经济最繁荣的地区，沿江重要城市有重庆、武汉、南京和上海等。

长江可供开发的水能总量达 2 亿千瓦，是我国水能最富有的河流。主要水能资源集中在我国第一阶梯和第二阶梯、第二阶梯与第三阶梯的交界处。因为此处地势陡然下降，起伏较大，导致此处水流湍急。长江干流通航里程达 2800 多千米，素有"黄金水道"之称。

长江在重庆奉节以下至湖北宜昌为雄伟险峻的三峡江段（瞿塘峡、巫峡、西陵峡），世界最大的水利枢纽工程三峡工程就位于西陵峡中段的三斗坪。除此之外，还有葛洲坝水电站，丹江口水电站等一系列水利工程。

各江段

在"长江"这一总名称下，有些江段又有它自己的名称。这是长江与黄河显著不同的一点。自长江源头至长江南源当曲河口，通称为长江正源沱沱河，长度为 358 千米；自当曲河口至青海省玉树县巴塘河口，通称为通天河，长度为 813 千米；自巴塘河口至四川省宜宾市岷江河口，通称为金沙江，长度为 2308 千米；自宜宾市至湖北省宜昌市南津关，俗称为川江，长度为 1033 千米。自湖北省枝城市至湖南省岳阳市的城陵矶，该江段因流经古荆州地区，通称为荆江，长度为 337 千米，"万里长江，险在荆江"，就指的是这一段，也是长江流经山区、丘陵区后而进入平原区的第一段，荆江的下半段素有"九曲回肠"之称；江西省九江市附近的一段长江，俗称浔阳江，因九江市古称浔阳而得名；江苏省镇江、扬州一带的长江，古称扬子江，因扬州市南面有一通往镇江市的扬子津渡口而得名。

长江在上海市注入东海。有雅砻江、岷江、沱江、赤水河、嘉陵江、乌江、湘江、沅江、汉江、赣江、青弋江、黄浦江等支流以及滇池、草海、洪湖、洞庭湖、鄱阳湖、巢湖、太湖等重要湖泊。

在江苏省镇江市同京杭大运河相交。

长江流域年平均降雨量大约 1100 毫米。雨多半由季风带来，主要在夏季月份降落。在流域山区部分，多半降水以雪的形式出现。流域中下游季风雨造成的洪水通常始于 3～4 月间，持续约 8 个月。5 月水位多少有些下降，但随后又急剧增高，一直持续上升到 8 月，达到最高水位。此后水位逐渐回落到季风到来前水平，水位降低在秋、冬季的多数时间持续进行，一直延续到 2 月，此时达到 1 年中的最低水平。年水位起伏幅度颇为可观——平均约 20 米，而枯水年为 8～11 米。在峡谷中，洪水造成的水位幅度达到 40～46 米的巨大规模。下游水位变化的影响被湖泊的调节作用缩小；而海潮对水位具有极大影响。在吴淞附近，日潮幅为 5 米，年潮幅为 6 米。

分析输送到长江口的水量显示，流域高原地区提供流量的 10%，而江中其余所有的水，系流域中下游地区所提供，洞庭湖和鄱阳湖约提供水量的 40%。

长江水量巨大，即使在上游地区，平均流量也超过 1982 立方米/秒。在第一大支流雅砻江汇流后，长江流量急遽增加，平均接近 5493 立方米/秒。再往下游，长江接纳众多支流，流量逐渐增加，在宜昌附近三峡末端达到 14980 立方米/秒；在汉口附近达到 23984 立方米/秒；而在南京附近达到 31149 立方米/秒。长江口平均流量约为 33980 立方米/秒，而年注入大海的总水量为 1072 立方千米，使长江流量在世界河流中位居第四。

长江文明

长江流域为人类居住历史悠久的地区之一。在安徽省江北发现直立人化石，好几处包含人类遗迹的遗址，尤其是在太湖周围。虽然我国政治史多以华北和黄河流域为中心，长江地区却以其农业潜力而对历代王朝始终具有重大经济意义。大运河就是建来用以从长江流域将粮食运往北方的大都市的。可能运河最南段早在公元前4世纪即已得到利用，许多河段却是在公元7世纪兴建的。

长江上游除成都平原外，东至三峡地区，西北至甘孜、阿坝境内，西南至安宁河、雅砻江流域，均有遗址发现，初步统计约数十处，其中最著名的属巫山大溪文化遗址，经1959年和1975年两次发掘，共发掘墓葬214座，出土器物有石斧、石镜、石凿、网坠、鱼钩、箭链、纺轮等生产工具；釜、罐、曲腹杯、碗等生活用具，还有耳坠、玦等装饰品，代表了新石器时期从中期到晚期3个不同的发展阶段。

第二节　黄河

黄河是我国第二长河，世界第五长河，世界上含沙量最多的河流。黄河，我国的母亲河，若把祖国比作昂首挺立的雄鸡，黄河便是雄鸡心脏的动脉。它见证了中华人民共和国伟大的发展。黄河流程达5464千米，流域面积达到752443平方千米，上千条支流与溪川相连，犹如无数毛细血管，源源不断地为祖国大地输送着活力与生机。黄河文化有《黄河大合唱》等，著名诗人如李白、王维、王之涣等，都留下了千古绝唱。

黄河源于青海巴颜喀拉山，干流贯穿九个省、自治区，分别为：

青海、四川、甘肃、宁夏、内蒙古、山西、陕西、河南、山东，注入渤海。年径流量 574 亿立方米，平均径流深度 79 米。但水量不及珠江大，沿途汇集有 35 条主要支流。较大的支流在上游，有湟水、洮河；在中游有清水河、汾河、渭河、沁河；下游有伊河、洛河。两岸缺乏湖泊且河床较高，流入黄河的河流很少，因此黄河下游流域面积很小。

河源至贵德多是山岭及草地高原，属青藏高原，海拔均在 3000米以上，山峰超过 4000 米，源头河谷地海拔 4200 米；贵德自孟津江段是黄土高原地区，黄土高原东为吕梁西坡，南为渭河谷地，北与鄂尔多斯高原相接，西至兰州谷地；黄土高原海拔一般在 1000～1300 米，地形起伏不平，坡陡沟深，沟壑地面坡度 15～20 度，沟谷面积占 40%～50%，沟道密度 3～5 千米/平方千米，切割深度 100米以上；孟津以下进入地势低平的华北平原，海拔不超过 50 米，进入下游后河道平坦，平均比降只有 0.12%，水流变缓，泥沙大量淤积，河床高出地面 4～5 米。由于黄河多次改道，地面冲积出扇状的古河床和古自然堤，成为缓岗与洼地相间分布的倾斜平原，洼地比较开阔平展。

黄河从贵德至民和境内海拔在 3000～1600 米之间，从民和下川口进入甘肃，这一段气候温和湿润有"高原小江南"的美誉，水流清澈见底又有"天下黄河贵德清"的说法。宁夏的宁夏平原和内蒙古的河套平原，因为处在黄河上游的河谷地带，水源丰沛，灌溉便利，农业发达，水草丰美，因此被称为塞上江南。黄河主要支流有白河、黑河、湟水、祖厉河、清水河、大黑河、窟野河、无定河、汾河、渭河、洛河、沁河、大汶河等，其中渭河为黄河的最大支流。黄河沿岸主要湖泊有扎陵湖、鄂陵湖、乌梁素海、东平湖等。黄河干流上的峡谷共有 30 处，位于上游河段的 28 处，位于中游段流的 2 处，下游河段流经华北平原，没有峡谷分布。干流峡谷段累计长 1707 千米，占干流全长的 31.2%。

各江段

黄河上、中、下游的分界有多种说法，这里采用黄河水利委员会的划分方案。黄河从源头到内蒙古自治区托克托县河口镇为上游，河长 3472 千米；河口镇至河南孟津间为中游，河长 1206 千米；桃花峪以下为下游，河长 786 千米。黄河横贯我国东西，流域东西长 1900 千米，南北宽 1100 千米，总面积达 752443 平方千米。

黄河，像一头脊背穹起、昂首欲跃的雄狮，从青藏高原越过青、甘两省的崇山峻岭，横跨宁夏、内蒙古的河套平原，奔腾于晋、陕之间的高山深谷之中，破"龙门"而出，在西岳华山脚下掉头东去，横穿华北平原，急奔渤海之滨。全流域年平均降水 400 毫米左右，而黄河平均年径流总量仅 574 亿立方米，在我国河流中居第八位。流域内，连同下游豫、鲁沿河地区共有 2 亿多亩耕地，1 亿左右人口。

黄河全河多年平均天然径流量 580 亿立方米，流域平均年径流深 77 毫米，流域人均水量 593 立方米，耕地亩均水量 324 立方米。

黄河中游河段流经黄土高原地区，因水土流失，支流带入大量泥沙，使黄河成为世界上含沙量最多的河流。最大年输沙量达 39.1 亿吨（1933 年），最高含沙量 920 千克/立方米（1977 年）。三门峡站多年平均输沙量约 16 亿吨，平均含沙量 35 千克/立方米。

黄河文明

　　1963 年至 1966 年，中国的考古工作者在西安市东南蓝田县黄土中发现了"蓝田猿人"的头盖骨，证明早在 60 万年前就有人类在黄河流域生存。后又发现 10 多万年前生活在今西襄汾的"下村人"、距今 5 万年左右生活在内蒙古地区的"河套人"，以及 2000 多处原始村落的遗迹，进一步说明中华民族从遥远的古代起就在广阔的黄河流域开始从事生产和生活。

　　相传中华民族的始祖——黄帝，出生在黄河流域的中游、河南省的新郑，他和他的族系也主要活动在黄河中游。在新石器时代中期，黄帝族就已开始使用彩陶，产生了"仰韶文化"。夏、商、周王朝都是黄帝的后裔，自称"华"或"夏"，当时的华族聚居在中原地区，人们认为中原是居四方之中，所以又称为"中华"。再后来，"中华"就成了整个中国的名称，它含有地区居中之意，也有文化中心之意。在河南安阳小屯村的殷墟里曾发掘出 3000 年前的宫室遗址，大量精美的青铜器、玉石器、牙雕和 10 多万版的甲骨书契，说明在当时我国的农业和手工业已经相当发达，殷商王朝已成为古代世界三大文化中心之一，它和古埃及、古巴比伦是同时期的三个古代帝国。

　　历史记载，我国几代帝王的都城都建在黄河流域。尧都平阳（今山西临汾），舜都蒲坂（今山西永济县西蒲州），禹都阳翟（今河南禹县）。我国历史上的六大古都中有一半在黄河流域（西安、洛阳、开封）。长安（即西安），既是我国东西方交通的枢纽，又是古代著名丝绸之路的起点，南通巴蜀，西达西域，东连中原，它所代

神秘莫测的青藏高原

表的我国唐代文化是当时世界文化的高峰，对世界各地，特别是亚洲邻国文化的发展具有深远影响。

第三节　澜沧江

澜沧江是我国西南地区大河之一，也是一条亚洲的国际大河，是世界第六大河、亚洲第三大河、东南亚第一大河。

澜沧江（下游称湄公河）发源于青海省玉树藏族自治州杂多县吉富山，其源头位于海拔 5200 米之处，全长 4909 千米。流出国境称湄公河，为缅甸、老挝的界河，经缅甸、老挝、泰国、柬埔寨，在越南南部胡志明市（西贡）南面入太平洋的南海。

澜沧江在我国境内河长 2179 千米，流域面积 16.4 万平方千米，占总流域面积的 22.5%。它支流众多，较大支流有沘江、漾濞江、威远江、补远江等。上中游河道从青藏高原穿行在横断山脉间，河流深切，形成两岸高山对峙，坡陡险峻 V 形峡谷。下游沿河多河谷平坝，著名的景洪坝、橄榄坝各长 8 千米，已初步拟定在干流上兴建 24 级梯级电站。河道中险滩急流较多。径流资源丰富，多年平均径流量 740 亿立方米。水力资源理论蕴藏量 3656 万千瓦，可能开发量约 2348 万千瓦，干流为 2088 万千瓦，约占全流域 89%。河道中因险滩急流较多，只有威远江口至橄榄坝段可行木船和机动船。

各江段

澜沧江划分为上、中、下游河段：上游由源头至西藏昌都长

592.1 千米，中游昌都至云南功果桥长 813.7 千米，下游功果桥至南阿河长 724.3 千米。上游河流水补给为冰雪融水、雨水和地下水，中游为雨水、地下水混合补给，下游雨水补给为主。澜沧江出境口年径流量 765 亿立方米。澜沧江流域水资源时空分布不均，枯季水量仅占全年的 10％～20％，雨季水量占 80％以上；上、中游河谷区及云南永平、大理一带，单位面积产水量较少，下游区两侧支流产水量大。目前澜沧江流域水资源开发利用程度极低，整个流域还存在不同程度的人畜饮水困难等问题，而开发利用率仅 2.3％左右，基本上集中于云南省，青海、西藏基本未开发。用水格局以农业灌溉为主，多集中在下游地区。由于流域内以山地为主的地形，导致生活引水和农口灌溉难度较大。

澜沧江文明

远古的澜沧江水流经远古的拉祜山土地，便在这四季如春的家园里滋养着一群远古的生命，这生命里有树木、花草、牛马、虎豹、鸟雀、游鱼，还有我们人类祖先中的一支。他们与大自然中这些平等的远古生命相处、相依、相搏斗，以他们的智慧战胜着周围环境的危险与恶劣，用他们的双手在高山巨石上刻磨出各种脚手印记或符号来向神直白和祈祷。在这些事情发生的几千乃至上万年后，这支远古的人类祖先们有可能消失了，或者他们又以某一种方式存活在人世间而我们却不知道，只是留下了高山丛林中磨刻在巨石上的脚手印记和符号。

在澜沧县大山乡南美村有一个惊人的传说。据说过去有一位仙人赶了很远的路，十分口渴，但一路上又找不到可以喝的水。当他来到南美大山上，看到山下奔腾的澜沧江水时，便急不可耐的一手按在南美大山的一块石头上趴在江水中喝水。由于太用力，仙人走后，他的手掌印在了石头上。传说归传说，但石头上的"仙人掌"确有其实，它就是南美1号石刻。只是它并非哪位仙人的手掌印，而是古人们磨刻在石头上的人手掌印记，是一种原始图腾的标志。

第四节　怒江

　　怒江是我国西南地区的大河之一，又称潞江，上游藏语叫"那曲河"，发源于青藏高原的唐古拉山南麓的吉热拍格。它深入青藏高原内部，由西北向东南斜贯西藏东部的平浅谷地，入云南省折向南流，经怒江傈僳族自治州、保山市和德宏傣族景颇族自治州，流入缅甸后改称萨尔温江，最后注入印度洋的安达曼海。从河源至入海口全长3240千米，我国部分2013千米；总流域面积32.5万平方千米，我国部分13.78万平方千米；径流总量约700亿立方米，省内流域面积3.35万平方千米，占云南省面积的8.7%。上游除高大雪峰外山势平缓，河谷平浅，湖沼广布；中游处横断山区，山高谷深，水流湍急。两岸支流大多垂直入江，干支流构成羽状水系。水量以雨水补给为主，大部分集中在夏季，多年变化不大，水力资源丰富。

各江段

　　怒江在西藏嘉玉桥流入他念他翁山和伯舒拉岭之间的峡谷中时

才正式叫怒江，嘉玉桥以上为怒江上游，称为那曲河；西藏嘉玉桥至云南省的泸水县为怒江的中游，进入云南境内以后，怒江奔流在碧罗雪山与高黎贡山之间，西岸高黎贡山的峡谷高差达 5000 米，东岸碧罗雪山的峡谷高差达 4000 多米，平均高差 3000 多米，山谷幽深，危崖耸立，水流在谷底咆哮怒吼，故称"怒江"，江面海拔在 2000～800 米之间；云南省泸水县以下为下游，河谷较为开阔，岭谷高差已降至 500 米左右，江面海拔在 800 米以下。

怒江文明

怒江在怒江傈僳族自治州境内流程约 316 千米，进入缅甸后称萨尔温江，流经缅、泰等国，沃野千里，创造了南亚文明，最后注入印度洋。怒江峡谷湿润的亚热带气候，提供了人类早期的生存条件，于是在 3000 多年前，怒江就出现了人类文明的遗迹。怒江是以一条大江作为行政区域的全国唯一的傈僳族自治州，有 12 个世居少数民族，其中怒族和独龙族是独有的少数民族，这里是傈僳族和普米族的主要聚居区。长期以来，由于峡谷原始而封闭，对外交流较少，经济社会发展缓慢，所以至今还有许多地方保存着原生态文明。

每年农历初二至初四，在泸水县登埂温泉都要举行万人澡塘会。有人赞叹为"男女不避温泉浴，洗却风尘净心灵"。澡塘会期间，民间还自发地组织"上刀山、下火海"、情歌对唱、体育竞技等活动。

第五节　雅鲁藏布江

雅鲁藏布江是我国最高的大河，在西藏自治区，也是世界上海拔较高的大河之一。发源于西藏西南部喜马拉雅山北麓的杰马央宗冰川，上游称为马泉河。它由西向东横贯西藏南部，绕过喜马拉雅山脉最东端的南迦巴瓦峰转向南流，经巴昔卡出我国境。进入印度后称布拉马普特拉河，进入孟加拉国以后称为贾木纳河。在孟加拉国与恒河相会后注入孟加拉湾。

雅鲁藏布江，在古代藏文中称央恰布藏布，意为从最高顶峰上流下来的水。它的源流有三支：北支发源于冈底斯山脉，叫马容藏布；中支叫切马容冬，因常年水量较大，被认为是雅鲁藏布江的主要河源；南一支发源于喜马拉雅山脉，叫库比藏布，该支流每年夏季水量较大。三条支流汇合后至里孜一段统称马泉河，但在扎东地区也有称该江为达布拉藏布，藏语马河之意；或叫马藏藏布，藏语为母河之意。拉孜地区叫羊确藏布。拉孜以西，雅鲁藏布江统称达卓喀布，藏语意为从好马的嘴里流出来的水。曲水一带地方，藏语叫雅鲁，该江流至山南一带叫雅隆（因山南地区有条雅隆曲得名），因此，才称这条河流为雅隆藏布。但在曲水地区念作雅鲁，因为"鲁"藏语确切语音称"隆"，意即从曲水以上流经河谷平原的河流，所以全段河流总称雅鲁藏布江。

雅鲁藏布江的南面耸立着世界上最高、最年轻的喜马拉雅山，北面为冈底斯山和念青唐古拉山脉。南北之间为藏南谷地，藏语称之为"罗卡",意为"南方",谷地呈东西走向的宽阔低缓地带,雅鲁藏布江就静静地躺在这一谷地里。与谷地的地貌相一致,雅鲁藏布江流域东西狭长,南北窄短。东西最大长度约1500千米,而南北最大宽度只有290千米。我国部分长1940千米,流域面积24.6万平方千米(全长2840千米,流域面积93.5万平方千米)。干流河谷沿东西向的断裂带发育,流域呈东西向的狭长带,支流多而短小,较大支流有拉萨河、帕隆藏布、易贡藏布、拉喀藏布、尼泽曲、年楚河等。

各江段

雅鲁藏布江干流依自然条件、河谷形态及径流沿程变化,可划分为河源区、上游、中游和下游。源头海拔5590米,河源区由杰马央宗曲和库比藏布两河组成。在两河源头有杰马央宗冰川、夏布嘎冰川、昂若冰川、阿色甲果冰川等,构成巨大的固体水库。由于冰川退缩成大面积冰碛物,谷地呈浅"U"形。杰马央宗曲冰峰林立,拥抱着谷地。冰峰上面冉冉升起的云雾,像透明的羽纱在半空中轻轻地飘动。

从杰马央宗冰川的末端至里孜为上游段,河长268千米,集水面积265700平方千米,河谷宽达1～10千米。桑木张以下河段称马泉河,平均海拔5200米以上。水流平缓,江心湖和岔流发育,两岸大片沼泽地内栖息着许多水鸟。马泉河穿行在南面的喜马拉雅山和北面的冈底斯山之间,谷地开阔,一般都有10～30千米。宽谷中的马泉河就像一条银色缎带,铺展在烟云缥缈的雪山脚下,马泉河最大的支流——柴曲,弯弯曲曲把无数晶莹夺目的小湖泊穿缀在一起,

一直挂到那缎带上。这雪山、缎带、湖泊都铺在一块一望无际犹如翠绿绒毡的草地上。这幅美丽的图景，就是上游马泉河地区的写照。

从里孜到派乡为中游段，河长 1293 千米，集水面积 163951 平方千米，两岸支流众多。这里海拔已降到 4500 米以下。中游河段呈宽窄相间的串珠状。在宽谷段，谷底宽达 2～8 千米，水面宽 100～200 米，有河漫滩，也有高出水面 10～120 米的阶地。水流平缓，河道平均坡降 1‰以下。站在两侧山地俯瞰宽谷，但见蓝绿色的江面和金光灿灿的沙洲相间，构成特有的辫状水系。在峡谷段，河谷呈 "V" 型，两岸山体陡峻，谷底宽 50～100 米，水流湍急。两岸陡壁悬崖，中间流急浪高，水势奔腾咆哮，谷坡以崩塌为主的物质移动十分强烈。最有名的是桑日县的加查峡谷，长 42 千米，宽只有 30～40 米，落差竟达 300 多米。在加查峡谷中，由于坚硬的基岩和横向断裂的作用或由于大块崩石的堵塞，河床分别在增和尼阿日喀等两处形成相对高 4.8 米和 5.2 米的瀑布。在这里，江流以雷霆万钧之势奔流而下，激起一串串乳白色的浪花和水雾，使人惊心动魄。这类峡谷中蕴藏着丰富的水力资源，而且在峡谷的两口往往有平坦的阶地存在，加上与峡谷相串联的宽谷盆地地形，为水能资源开发创造了有利条件。

雅鲁藏布江中游流域集中了雅鲁藏布江的几条主要支流，如拉喀藏布、牟楚河、拉萨河、尼洋河等。这些巨大的支流不但提供了丰富的水量，而且提供了宽广的平原，如拉喀藏布下游河谷平原、日喀则平原、拉萨河谷平原、尼洋河林芝河谷平原等。这些河谷平原海拔都在 4100 米以下，一般宽 2～3 千米，最宽可达 6～7 千米，沿河长可达数十千米。这里水利灌溉和机械化条件都较优越，阡陌相连，人烟稠密，是西藏最主要的和最富庶的农业区，也是主要的粮食作物基地和高产稳产农田的发展场所。

派乡到巴昔卡附近为下游段，河长 496 千米，集水面积 49959 平方千米。河流从米林县黑龙附近开始逐渐折向东北流，经派乡转为东北流向至帕隆藏布汇入后，骤然急转南流进入连续高山峡谷段，经巴昔卡流入印度。在大拐弯顶部两侧，有海拔 7151 米和 7756 米的加拉白垒峰和南迦巴瓦峰。从南迦巴瓦峰到雅鲁藏布江水面垂直高差 7100 米，可称为世界上切割最深的峡谷段。从峰顶的冰川和永久积雪带到谷地的热带，构成了垂直地带。大拐弯峡谷历来以它的雄伟峻险和奇特的转折而闻名于世。那里的雅鲁藏布江就像深嵌在巨斧辟开的狭缝里一样。谷底是呼啸奔腾的急流，河床滩礁棋布、乱石嵯峨。在下游，像这类峡谷一个接着一个，千回百折，山嘴交错，层峦叠嶂；峡谷两侧山坡是森林密布，满坡漫绿，看来又是那么幽深秀丽。它那连绵的峰峦和不尽的急流相结合，构成一幅壮丽动人的画面。

雅鲁藏布江文明

天上有一条银河，地上有一条天河。被称为"天河"的雅鲁藏布江，从雪山冰峰间流出，又将冰液玉桨带向藏南谷地，使这一带花红草肥。繁衍生息于此的藏族人民，创造出绚丽灿烂的藏族文化，这是我们多民族国家文化瑰宝中的重要组成部分。

雅鲁藏布江的中游，有一条支流叫雅砻河，在它的河谷地带，气候温和，降水充沛，土地肥沃，是藏民族的摇篮和藏文化的发祥地。

和其他文明的发源地一样，藏族文明也是起源于自然条件较好

的地方。这些地点要有充足的饮用水源，有便于渔猎的河湖滩地，有温暖湿润的气候条件，这些条件对于平均海拔超过 4000 米被称为挑战生存极限的青藏高原来说，不得不说有些苛刻，可雅砻河仿佛穿透了极地界限，从远古至今，滋养着藏族的文明，被誉为"藏族的母亲河"。

雅砻河，藏语意为"从山上流下来的大河"。传说西藏历史上的第一块农田，第一代赞普，第一座宫殿，第一部经书，第一座佛堂等都是出现在这片高原河谷地区。岁月沧桑，依然留下了许多历史痕迹，流传着丰富多彩的神话传说。

雅鲁藏布江与雅砻河交汇地的南侧有一座贡布日山，它是西藏著名的"神山"之一，传说这座山能遍知一切。西藏大地上流传了千百年的猴子进化成人的传说就是源自于山腰的猴子洞。传说毕竟是传说，可这些真实的玛尼石刻，一笔一划都在说明着在藏族人民心中对于起源的理解其实是和这片河谷密不可分的。

第四章　青藏高原上的湖泊

青藏高原是我国最大的湖区，高原现代湖泊总面积有 36900 平方千米，占全国湖泊总面积的 52%。高原上绝大多数湖泊海拔在 4000 米以上。这里有纳木错、色林错、扎日南木错、班公湖、郭扎错、青海湖、羊卓雍错、拉昂错、玛旁雍错、昂拉仁错、扎布耶茶错、塔若错、当惹雍错、昂孜错、格仁错、错鄂、阿牙克库木湖、乌兰乌拉湖、普莫雍错等等。

第一节　纳木错

纳木错又称纳木湖，属于我国五大湖区的"青藏高原湖区"。历史文献上记载，此湖像蓝天降到地面，故称"天湖"，而湖滨牧民却说因湖面海拔很高如同位于空中，故称"天湖"。藏语中，"措"是"湖"的意思。当地藏族人民叫它"腾格里海"，意思是"天湖"。信徒们尊其为四大威猛湖之一，传为密宗本尊胜乐金刚的道场，是藏传佛教的著名圣地。

纳木错位于拉萨以北当雄县和榜额县之间，在念青唐古拉山主峰以北，距离拉萨 240 千米，是西藏第一大咸水湖也是我国第二大咸水湖，世界海拔最高的大湖。湖泊形成和发育受地质构造控制，是第三纪喜马拉雅运动凹陷而成，为断陷构造湖，并具冰川作用的痕迹。湖水在不断退缩，至今湖周围留有数道古湖岸线，最高一道距湖约有 80 米。

纳木错的东南部是直插云霄、终年积雪的念青唐古拉山的主峰。由于北侧依偎着和缓连绵的高原丘陵，广阔的草原绕湖四周，天湖像一面巨大的宝镜，镶嵌在藏北的草原上。湛蓝的天、碧蓝色的湖、白雪、绿草、牧民的牛毛帐篷及五颜六色的山花，交相辉映，组成一幅大自然美丽、动人的画面，身临其境，无不令人感到心旷神怡。

湖滨平原牧草良好，是天然的牧场。每当夏初，成群的野鸭飞来栖息，繁殖后代。湖泊周围常有狗熊、野牦牛、野驴、岩羊、狐狸、獐子、旱獭等野生动物栖居，湖中盛产高原的细鳞鱼和无鳞鱼类，湖区还产虫草、贝母、雪莲等名贵药材。

第二节　色林错

传说色林是以前居住在拉萨西面堆龙德庆的大魔鬼，他每天要贪婪地吞噬千万生灵，包括人和所有的禽兽。对他的淫威，谁都束手无策。在一个雷雨过后的良辰，一路降妖除魔的莲花生大师终于找到了色林。色林怎么是大师的对手呢？于是在莲花生大师的紧追下，色林逃到岗尼羌塘南面的一面浩瀚浑浊的大湖里，大师命令色林永远不得离开此湖，在湖中虔诚忏悔，不许残害水族，并把这个大湖名为"色林堆错"，意为"色林魔鬼湖"。

色林错曾名奇林湖、色林东错。位于冈底斯山北麓，藏北高原断陷盆地，由第三纪拗陷而成，班戈县和申扎县境内。东西长 72 千米，南北宽约 22.8 千米，东部最宽处达 40 千米。面积 1640 平方千米。湖面海拔 4530 米，最大水深超过 33 米。流域面积 4.553 万平方千米。古色林错面积曾达 1 万平方千米。后因气候变干，湖泊退缩，从中分离出格仁错、错鄂、雅个冬错、班戈错、吴如错、恰规错、孜桂错、越恰错。

色林错湖中有山，山又有湖，山环水绕，风情万种。湖面蓝绿的色彩让蔚蓝的天空也相形失色。相传格萨尔王征战魔王阿炯，阿炯战败，口渴难忍，恳求让他死后能喝上足够的水，格萨尔王砍下了阿炯的头，把它扔进了色林错让其继续喝水，从此湖水纵有几条大河的汇入而永远不满。这个湖的湖水微咸，人畜少有饮用，但奇怪的是与色林错相连的扎林湖居然是个淡水湖。

色林错是个湖泊的王国，在它的周围有 23 个卫星湖，如同翡翠项链般缭绕，据说几百万年前这里曾是一个整体的巨大湖面。在这众多的卫星湖中，错鄂湖鸟岛成了候鸟的第二根据地。每年的春夏季，都可以看到数以万计的地中海棕头鸥，不远千里从地中海飞过来，场面极为壮观。这里的棕头鸥其实跟在班公湖见的品种一样，都是修长的红腿，除翅膀和尾巴白中带灰外，浑身洁白的羽毛，性情温和，不太惧怕人。

藏北草原有许许多多大小的湖泊，到底有多少可能很难有准确的数字，这些湖泊就像一块块碧玉镶嵌在大草原上，它们随着草原上季节、天气的变化而变化。冬季，冰封的湖面洁白一片，仿佛所有的生命都瞬间凝固；夏季，时而湖水碧蓝，时而白浪滔天。

色林错就是那么神奇，富于变化的色调和草原上的精灵们演绎着的草原风情，让这里充满无限生机。色林湖畔也有游人的足迹，但为数不多，他们来到这里就是在湖边留影，再就是捡拾湖边五彩的石子，要不就坐在湖边的草地上听湖水拍岸的哗哗声，惬意之情难以言表。

 第三节　扎日南木错

扎日南木错是西藏自治区第三大湖，也称塔热错，位于藏北高原南部，介于北纬 30°44′～31°05′，东经 85°19′～85°54′，阿里地区措勤县境内，属东西向构造断陷湖。它东西长 53.5 千米，南北宽 26 千米，平均宽 18 千米，面积 1023 平方千米，海拔 4613 米，平均水深 3.6 米，最大水深 5.6 米，周长 183 千米。湖水透明度 2.45 米。湖泊形态不规则，南北两岸较窄，东西两岸地势开阔。东岸湖积平原宽达 20 千米，沼泽发育；北岸和西岸发育有 10 道古湖岸线，最高一级高出湖面百米；东南部湖滨地带发育有三级阶地。湖区地处藏北高寒草原地带，气候寒冷、干旱，为纯牧区。扎日南木错流域面积 1.643 万平方千米，湖水主要靠冰雪融水补给。入湖河流主要有措勤藏布、达龙藏布。措勤藏布发源于冈底斯山，全长 253 千米，流域面积 9930 平方千米。

第四节　班公错

"班公"是印度语，意即一块小草地。藏语称此湖为"错木昂拉仁波湖"，意为"长脖子天鹅"。从狮泉河向北 130 千米是日土县城，班公湖就位于日土县城以北 10 千米的我国与印控克什米尔交界处。湖体呈东西向狭长形，两端水面开阔，中部为河道型水体。入湖河流有麻嘎藏布、多玛曲、昂卖曲、麦巴尔渠、藏格河、卡尔龙巴、纳隔河、通达河等。班公错位于高山之间的槽谷内，水深 50 米。整个湖区面积 604 平方千米，长 150 千米，宽度多在 2～5 千米间，最窄处只有 5 米。东面 2/3 的面积属我国领土范围，余下西面 1/3 则属于印度。班公湖的独特处在于湖在我国境内的部分是淡水，物产丰美，水质洁净，水色碧绿，而在克什米尔境内就成了咸水。淡水贮量 46.57 亿立方米。湖中有丰富的细鳞鱼和无鳞鱼。湖滨牧草丰茂，是良好的牧场。

第五节　郭扎错

郭扎错位于西藏自治区西北部，日土县境内北部，昆仑山南麓。郭扎错，为藏语地名。郭扎错湖海拔 5080 米，面积 244 平方千米，流域面积 2790 平方千米。湖北半部为淡水，南半部为咸水，在同一个湖泊中有两种不同的水，实属罕见。为我国海拔最高的既有咸水，又有淡水的混合湖。

郭扎错地处昆仑山南麓的断裂带，有长距离的断层线崖，为构造湖。湖北部有数十座 6000 米以上的冰川与雪山，有现代冰川发育，水源相对充足。加之湖面海拔高，蒸发量相应减少，湖北半部的水有明显被冲淡的现象，故形成北半部湖水的矿化度低，所以湖北半部为淡水。相反，湖的南半部水源少，蒸发量大，矿化度高，故为咸水。

　　湖周是藏北羌塘高原极边远地区，也是待开发区，是野生动物出没的地方。主要野生动物有被人们称为"高山之霸"的雪豹；有大型偶蹄动物、善于攀登海拔 6600 多米险峻石崖的岩羊；有珍稀国家重点保护动物藏羚羊；有体格大、生命力强的野牦牛，它最能适应高原严寒的气候，是青藏高原特产动物，为我国珍贵的大型兽类，列为国家重点保护对象；还有善于奔跑、成群结队、群居性强并有观赏价值的藏野驴、盘羊、黄羊、熊以及狼等。郭扎错地区也可称得上"世界最高天然动物园"，可与非洲中部的"野生动物园"相媲美。

第六节　拉昂错

　　拉昂错紧邻玛旁雍错，属微咸水湖。由于湖水不能饮用，且湖岸周围植物绝少，故被称为"鬼湖"。拉昂错与玛旁雍错曾经相连，后因湖面下降，才分成了两个湖。至今两湖间还有一河相通，圣湖的水可以流到鬼湖中。玛旁雍错与拉昂错原本就是一个湖，只是后来因为地质变化和气候变迁分成了现在的两个湖泊而已。曾有专家考证过，吉乌村所在的河谷地带就是连接玛旁雍错与拉昂错的河道，在雨水充足的年份里，这条河道会将两湖连为一体。故此鬼湖之称纯属人们杜撰而来，也许将拉昂错比作鬼湖，正好应验了人们有神必有鬼的理念。

青少年走遍中国丛书

拉昂错湖水呈深蓝色，相当咸。周围没有植物、没有牛羊，死气沉沉，没有生机。一条狭长的小山丘把玛旁雍错和东侧的拉昂错分开，有一道水渠连接两湖，虽然一向都是干的，但是当地人相信总有一天会有水从玛旁雍错流进拉昂错，同时会有一条金色的和一条红色的鱼游进拉昂错，这样鬼湖的水以后就也会变得像玛旁雍错一样的清甜了。偶尔在特别特殊的年份，水大的时候，的确有水在水渠里流动。其实这里的景色非常美丽，湖边暗红色的小山，颜色迷离。卵石滩像一条白亮亮的银带，镶在湖边。湖里还有一个小岛，是暗红色。在拉昂错湖畔，人常有一股奇怪的感觉在胸中升起：偌大的湖区见不到一人一畜，空旷得像是站在了宇宙边缘。据说玛旁雍错与拉昂错湖底相通，一边是淡水的圣湖，另一边却是咸水的鬼湖。可以说，拉昂错也是一引人入胜的景观。

🌸第七节 青海湖

青海湖又名"库库淖尔"，即蒙语"青色的海"之意。它位于青海省东北部的青海湖盆地内，坐落在青藏高原的东北部，既是我国最大的内陆湖泊，也是我国最大的咸水湖。由祁连山的大通山、日月山与青海南山之间的断层陷落形成。它长105千米，宽63千米，周长360千米，面积达4583平方千米，比我国最大的淡水湖鄱阳湖要大近459.76平方千米。最深处达38米，湖泊的集水面积约29661平方千米，湖面海拔3196米。西北有布哈河注入。

青海湖地处青海高原的东北部，这里地域辽阔，草原广袤，河流众多，水草丰美，环境幽静。湖的四周被 4 座巍巍高山所环抱：北面是崇宏壮丽的大通山，东面是巍峨雄伟的日月山，南面是逶迤绵绵的青海南山，西面是峥嵘嵯峨的橡皮山。这四座大山海拔都在 3600～5000 米之间。举目环顾，犹如四幅高高的天然屏障，将青海湖紧紧环抱其中。从山下到湖畔，则是广袤平坦、苍茫无际的千里草原，而烟波浩渺、碧波连天的青海湖，就像是一盏巨大的翡翠玉盘平嵌在高山、草原之间，构成了一幅山、湖、草原相映成趣的壮美风光和绮丽景色。

青海湖的不同的季节里，景色迥然不同。夏秋季节，当四周巍巍的群山和西岸辽阔的草原披上绿装的时候，青海湖畔山清水秀，天高气爽，景色十分绮丽。辽阔起伏的千里草原就像是铺上一层厚厚的绿色的绒毯，那五彩缤纷的野花，把绿色的绒毯点缀的如锦似缎，数不尽的牛羊和膘肥体壮的骢马犹如五彩斑驳的珍珠洒满草原；湖畔大片整齐如画的农田麦浪翻滚，菜花泛金，芳香四溢；那碧波万顷、水天一色的青海湖，好似一泓玻璃琼浆在轻轻荡漾。而寒冷的冬季，当寒流到来的时候，四周群山和草原变得一片枯黄，有时还要披上一层厚厚的银装。每年 11 月份，青海湖便开始结冰，浩瀚碧澄的湖面，冰封玉砌，银装素裹，就像一面巨大的宝镜，在阳光下熠熠闪亮，终日放射着夺目的光辉。

青海湖以盛产湟鱼而闻名，鱼类资源十分丰富，是我国西北地区最大的天然鱼库。4、5 月间，鱼群游向附近河流产卵，布哈河口密密麻麻的鱼群铺盖水面，使湖水呈现黄色，鱼儿游动有声，翻腾跳跃，异常壮观。最值得提及的是，这里产的冰鱼较为著名。每到冬季，青海湖冰封后，人们在冰面钻孔捕鱼，水下的鱼儿，在阳光或灯光的诱惑下便自动跳出冰孔，捕而烹食味道鲜美。

青海湖中的海心山和鸟岛都是游览胜地。海心山又称龙驹岛，面积约 1 平方千米。岛上岩石嶙峋，景色旖旎，以产龙驹而闻名。鸟岛位于青海湖西部，在流注湖内的第一大河布哈河附近，它的面积只有 0.5 平方千米，春夏季节栖息着 10 万多只候鸟。

青海湖是一具富有神奇色彩的游览地，也是一个为全世界科学家所注目的巨大宝湖。政府曾对青海湖进行了多次综合考察，发现青海湖里有丰富的矿产资源。

居住在这里的汉、藏、蒙古等各族人民和睦相处，共同保护、开发和建设这浩瀚的宝湖。青海湖的美景吸引着成千上万游人，成为国内外旅游者云集的游览胜地。为了开发正在兴起的高原旅游事业，青海旅游部门在青海湖建立了旅游点。游客到此不仅可以观赏高原牧区风光，还可以乘马骑牦牛，漫游草原，攀登沙丘或到牧民家里访问，领略藏族牧民风情。牧场还专门为游客扎下各式帐篷，备有奶茶、酥油、炒面和青稞美酒供游客品尝。

第八节　羊卓雍错

羊卓雍错藏语意为"天鹅池"，是西藏三大圣湖之一，位于雅鲁藏布江南岸、山南地区浪卡子县境内，湖面海拔 4441 米，有 700 多平方千米的水面，平均水深 30 多米，最深处有 60 米。它是高原堰塞湖，大约 1 亿年前因冰川泥石流堵塞河道而形成，水域面积 630 多平方千米，大约是杭州西湖的 70 倍。它的形状很不规则，分叉多，湖岸曲折蜿蜒，并附有空姆错、沉错和纠错等 3 个小湖，历史上曾为外流湖，上述湖连为一体，湖水由墨曲流入雅鲁藏布江，但后来由于湖水退缩成为内流湖，并分为若干小湖，其湖面高度相差不过 6.5 米，湖中山地突冗，有 21 个小岛，各自独立水面，最大面积约 18 平方千米。岛上牧草肥美，野鸟成群。此湖的一绝是它的水源来自周围的雪山，但却没有出水口，雪水的融化与湖水的蒸发达到一种动态的平衡。

据记载，羊卓雍错形似蝎子，相传曾为 9 个小湖，空行母（藏传佛教中代表智慧与慈悲的女神）益西措杰担心湖中许多生灵干死，把 7 两黄金抛向空中并祈愿、诵咒，又把所有小湖连为一体，其形似莲花生的手持铁蝎。流域内一些地名也与蝎子有关，如湖上游热耶白比吾、热域曲龙热耶，热域为蝎子左右角，指该地正处在蝎子的左右角之位置；居蝎子心脏位置的圆布多岛屿上有一座公元 16 世纪中叶仁增多俄迥乃兴建的宁玛派小寺遗址，寺附近还有莲花生大师的手印，湖西南还有桑丁寺，故称西藏三大圣湖之一。

因为它不是一个规整的湖泊，所以人们很难看到它的全貌。它倒像是一条自在的河流，在宽谷中随意漂泊，而后又连成片。从地图上可以大致了解它的走向。正是这种"支离破碎"使得它和草原、山峦形成你中有我、我中有你的独特格局，成为人们向往的地方。

羊卓雍错风景秀丽，站在海拔 4790 米的岗巴拉山顶向南眺望，它像一块镶嵌在群峰之中的蓝宝石，碧蓝的湖水平滑如镜，白云、雪峰清晰地倒映其上，湖光山色，相映成趣。湖滨水草丰美，牛羊成群，这里还是藏南最大的小鸟栖息地，有天鹅、黄鸭、水鸽、水鹰、鹭鸶和沙鸥等多种水鸟。每当产卵季节，湖里的十多个小岛便成了天然蛋场，场面极其壮观。微风拂过，湖水涟漪轻漾，浮光跃鱼，令人陶醉。湖中盛产高原裸鲤鱼，其肉细嫩鲜美。

第五章 青藏高原上的自然保护区

第一节 自然环境与环境的保护

青藏高原是我国开发成度较低的区域，大部分地区还保留着原始的天然状态，是一块唯一的净土和处女地。西藏拉萨市被认为是世界上最洁净的城市。但是随着交通运输的改善，经济的发展和人类活动对自然环境的影响日益明显，对自然资源不合理的索取，不合理的开荒种地和过度的放牧是高原资源和土地遭到破坏的重要原因。

20 世纪 50～60 年代青海牧区盲目开荒 600 多万亩草场，毁草种粮，结果是草粮无收。使原来脆弱的生态环境失去了草被的保护，土壤被大风刮走，剩下沙砾一片。

高原草场过度放牧，长期以来草场建设较差，不恰当地追求牲畜存栏数，严重超载放牧导致草场明显的退化。草场的旱害、鼠害严重，破坏了地表的完整性，影响了植被恢复。

对森林、灌丛的乱砍滥伐造成环境的恶化。在高原腹地的可可西里地区，近年来大批拓荒淘沙金者大量涌进太阳湖一带，淘金发财，把一块完整美丽的净土，破坏得千疮百孔，便地伤痕。疯狂的

盗猎者于国家法律而不顾，多次偷进可可西里地区大量猎杀藏羚羊、藏野驴、藏牦牛。

在高原的东南部林区，森林采伐大量增长，加剧了现有森林资源的过分消耗。在峡谷森林区向高原面过渡的地段，处于临界的生态系统遭到了严重的破坏，这些脆弱的生态环境一旦遭到破坏是难以恢复的。

全球瞩目的世界屋脊在各族人民的辛勤劳动下发生了翻天覆地的变化。为了减缓和制止生态环境的恶化，需要下很大决心调整好人与自然的关系，开发和保护的关系。对高原这样有 250 万平方千米的区域进行合理的规划安排，加强草场管理，退耕还草，退耕还林，植树种草，抓紧农田的基本建设，注重森林的合理采伐和抚育更新。对独特的天然生态系统，珍稀的动植物资源和神奇的自然风景合理安排，认真保护，这是我国各级政府和广大人民的紧急任务。

于是，在高原范围内建立了各种类型的自然保护区，保护脆弱的生态环境，保护濒危稀有的野生动植物。

目前已建成的保护有：雅鲁藏布江黑颈鹤自然保护区、三江源自然保护区、可可西里生态环境与野生动物保护区、阿尔金山自然环境保护区、卧龙大熊猫保护区、九寨沟自然环境保护区、白河金丝猴为主的动物保护区、铁布梅花鹿为主的动物保护区、青海湖鸟岛以水禽和候鸟为主的保护区、黄龙寺生态环境保护区、贡嘎山海螺沟国家森林环境保护区等。

第二节 高原上的自然保护区

雅鲁藏布江黑颈鹤自然保护区

西藏雅鲁藏布江中游河谷黑颈鹤国家级自然保护区，是分布于西藏"一江两河"地区的黑颈鹤主要的越冬夜宿地和觅食地，地理坐标为北纬 28°40′～30°17′，东经 87°34′～91°54′，属野生动物类型自然保护区。保护区总面积为 614350 公顷，核心区面积为 134875 公顷，缓冲区面积为 207225 公顷，实验区面积为 272205 公顷。雅鲁藏布江中游河谷黑颈鹤国家级自然保护区成立于 1993 年，2003 年晋升为国家级自然保护区。

保护区主要保护对象是国家一级保护动物——黑颈鹤及其越冬栖息地。保护区内有脊椎动物 181 种，其中鱼类 19 种、两栖类 1 种、爬行类 3 种、哺乳类 41 种。保护区内有国家一级保护动物黑颈鹤、雪豹、盘羊、胡兀鹫、玉带海雕、金雕等和二级保护动物棕熊、猞猁、藏原羚、岩羊等。保护区有着较为完整的湿地生态系统，是黑颈鹤越冬的必要条件，因而具有极为重要的保护价值，同时，对于保护区区域内农耕等生存系统的调节和影响，也是湿地生态系统重要的价值所在。

黑颈鹤是国家一级重点保护野生动物，属高原特有鹤类。黑颈鹤体长 130 厘米，头顶裸露呈暗红色，前颈及上颈腹面披以黑羽而

得名，主要分布在中国、印度、不丹和尼泊尔等国境内。在世界性的《濒危野生动植物种国际贸易公约》中黑颈鹤被列为全球急需挽救的鸟类。国际上对黑颈鹤的统计多以越冬期为准，这时同一群黑颈鹤的栖息地和觅食地相对固定，因而统计较为准确。在西藏地区统计时，科研人员不仅统计在地面上觅食的黑颈鹤，还对飞起的鹤群进行跟踪核实。从 1990 年开始，西藏高原生物研究所与美国国际鹤类基金会的专家合作，就西藏境内的黑颈鹤越冬种群数量、分布及其生态习性进行了全面的调查研究，获得了大量权威资料。专家发现，由于高原特殊的自然环境，黑颈鹤繁育率非常低，每窝仅产 1 ～2 枚卵，雌雄轮流孵化，通常只能孵出一只雏鹤，而且死亡率高。

有关部门将西藏两个保护区升格为国家级自然保护区后，这两个保护区更名为西藏雅鲁藏布江中游河谷黑颈鹤国家级自然保护区、西藏色林错黑颈鹤国家级自然保护区。两个自然保护区总面积约为8000 多平方千米。美国国际鹤类研究基金会主席乔治阿吉波在考察完西藏黑颈鹤种群的生存环境说想不到黑颈鹤在这里还拥有一片优美、宁静的天空。

三江源自然保护区

三江源自然生态环境保护区是我国最大的自然保护区，它位于青藏高原腹地，是著名的长江、古老的黄河和国际河流澜沧江的发源地，故有"三江源"之称。三江源自然保护区是一个山的王国，高山峻岭携手遥望，银龙雪岭盘怀山中。有誉为"亚洲脊柱"的昆仑山；有雪库之称的唐古拉山；有尊为"中华水塔"的巴颜喀拉山。这也是一个水的世界，中华民族的母亲河黄河、长江和流经东南亚的澜沧江、湄公河等著名河流的发源于此。还有冰川之交的慕孜塔格山。这里雪山相连，冰川纵横，多年冻土广布，河网密布，水资源特别丰富。

三江源自然保护区是一个高原湖泊的海洋，湖泊星罗棋布，大小湖泊有 1653 个，其中最有名的扎陵湖、鄂陵湖、库赛湖、乌兰多拉湖等。它们参与形成世界海拔最高，面积最大的"高原湿地"。

三江源自然保护区是一个野生动物的天堂，约有兽类 76 种、鸟类 147 种、两栖类 48 种。其中国家一级保护动物有：藏羚羊、野牦牛、西藏野驴、白唇鹿、雪豹、黑颈鹤、黑天鹅等 14 种。

保护区具有世界最厚的地壳（平均 65～75 千米），地壳表层具有独特的自然景观和地质构造。保护区处于青藏高原腹地，其南北边缘分别为唐古拉山脉和昆仑山脉，其间有可可西里、巴颜喀拉山脉及山谷盆地；南缘为唐古拉山脉西段，最高峰为各拉丹冬（海拔6621 米）；北缘有昆仑山脉东段，有海拔 6860 米的布喀达板峰；东北缘为阿尼马卿山脉高峰玛积雪山（海拔 6282 米）。山地之间有宽广的谷地与盆地，有楚玛尔河、沱沱河、通天河、黄河等，还有可可西里湖、扎陵湖和鄂陵湖等散布其中。

区内气候具有气温低（年平均气候－4.1℃～10.0℃，年降水量494～173 毫米）、风速大、旱寒的特点。

区内冰川集中在海拔 5500 米（昆仑山）到 5800 米（唐古拉山）以上的山地，唐古拉山高峰各拉丹冬峰有冰川 181.5 平方千米，冰舌下伸到 5400 米消融区冰塔林发育。70 年代以来，气候变暖，各冰川场表现出明显的后缩，如岗加曲巴冰川在 1970～1990 年的 20 年内，冰舌后退了 500 米。布喀达板峰附近有冰川 243.6 平方千米，共有冰川 53 条，东南坡的布喀达板冰川长 24.2 千米，是一条飞跨的冰川，据考察可知一次飞跨了近2000米。

可可西里自然保护区

可可西里自然保护区建于1995年10月，1997年12月升为国家级自然保护区。其范围为昆仑山以南，唐古拉山以北，青藏公路以西的以可可西里山为主体的广大区域，面积4.5万平方千米。保护对象为青藏高原特有的珍稀野生动植物种、原始的自然环境、高寒草原生态系统和特殊意义的自然景观，行政区域为青海省玉树藏族自治州。青藏铁路在其实验区边缘共穿越约100千米。

"可可西里"蒙语意为"青色的山梁"，藏语称该地区为"阿钦公加"。保护区是目前世界上原始生态环境保存非常完美的地区之一，也是目前建成的面积最大，海拔最高，野生动物资源最为丰富的自然保护区。可可西里气候严酷，自然条件恶劣，人类无法长期居住，被誉为"世界第三极"、"生命的禁区"。然而正因为如此，给高原野生动物创造了得天独厚的生存条件，成为"野生动物的乐园"。

本区是羌塘高原内流湖区和长江北源水系交汇地区。东部为楚玛河为主的长江北源水系，主要为雨水、地下水补给，水量较小，河流往往是季节性河流；西部和北部是以湖泊为中心的内流水系，处于羌塘高原内流湖区的东北部，湖泊众多。据统计，面积大于1平方千米的湖泊有107个，总面积3825平方千米，其中面积200平方千米以上的湖泊有7个。最大的为乌兰乌拉湖，湖水面积为544.5平方千米。

本区气候特点是温度低、降水少、大风多、区域差异较大。境

内年平均气温由东南向西北逐渐降低，在西金乌兰湖地区有一处明显暖区，最暖区年均温为－4.10℃，最冷为最西边的勒斜武担措，年均温为－10.00℃（推算值），其他地区均在两者之间。

可可西里地区年平均降水量分布趋势是由东南向西北逐渐减少，在173～495毫米之间。本区风大，是全国风速高值区之一。在风力较弱的季节，西金乌兰湖附近仍出现瞬时风速为24.0米/秒的大风（1990年7月9日16时47分），年平均风速分布由东向西增大。区内的土壤类型简单，多为高山草甸土、高山草原土和高山寒漠土壤，其次为沼泽土，零星分布的有沼泽土、龟裂土、盐土、碱土和风沙土。土壤发育年轻，受冻融作用影响深刻。

区域内由于受到地理位置、地势高低、地形坡向及地表组成物质等各种水热条件因素的影响，自然景观自东南向西北呈现高寒草甸、高寒草原、高寒荒漠更替，其中高寒草原是主要类型。高寒冰缘植被也有较大面积的分布，高寒荒漠草原、高寒垫状植被和高寒荒漠有少量分布。高寒草甸、高寒沼泽仅分布在极个别的地区。

本区生物区系种类少，但青藏高原特有种类比例大，且种群数量大。据多年观察，哺乳动物有29种，其中11种为青藏高原特有，鸟类53种、爬行类1种、鱼类6种。区内高等植物有102属，202种，其中青藏高原特有种84种，占全区种类的41.56%。本区的特有生物种类不但是我国的珍稀动植物，而且为世界上所瞩目，在学术上和自然保护上均十分重要。

可可西里地处青藏高原腹地，平均海拔在4600米以上，最高峰为北缘昆仑山布喀达板峰，海拔6860米；最低点在豹子峡（昆仑山南麓红水河横穿博卡雷克拐弯处），海拔4200米。区内地势南北高，中部低，西部高而东部低。可可西里山和冬布勒山横贯本区中部，山地间有两个宽谷湖盆带，地势较平坦。海拔 5500～6000 米以上的山地，有现代冰川发育。如布喀达坂峰（6860 米）、马兰山（6813 米），少数超过 5600 米的山峰也有小规模冰川分布，如东岗扎日（5882 米），冰川总面积达 1700 多平方千米。

阿尔金山保护区

阿尔金山国家级自然保护区 1983 年建立，总面积为 45000 平方千米，为我国最大的自然保护区。保护区位于新疆维吾尔自治区东南部，地处新疆、青海、西藏、甘肃交界处。

保护区地形封闭，地貌复杂，空气稀薄，平均海拔 4000～4500 米。这里既有高山熔岩，也有沼泽、湖泊；既有浩瀚的沙漠，也有高寒植被。保护区是高原气候特征，寒冷、干旱、多风、蒸发强烈、全年有霜、分冷暖季且暖季短，并暖湿同期。气温变化无常，昼夜温差很大，8 月间也会寒风呼啸，大雪飞扬。

保护区内的水系为以两大湖泊为归宿的水系，即阿其克库勒湖和阿牙克库木湖，还有小的湖泊水系镶嵌其间。泉水可以提供稳定的水流，对野生动物以至人类是十分重要的。保护区有三口标高在 3920 米的泉眼，一口直径在 200 米以上，其他两口为 50 米。保护区内的 5 个湖泊 2 个为咸水湖（阿其克库勒湖和阿牙克库木湖）、2 个为淡水湖（依协克帕提湖和克拉库克湖）、1 个位于保护区南部的鲸鱼湖，入口为小淡水湖，湖体为大咸水湖。高海拔冰川和覆盖的雪融解是保护区河流和泉水的主要来源。保护区有高原珍稀动物：野牦牛、藏野驴、藏羚、雪豹、马等等。

阿尔金山国家级自然保护区因边远偏僻、高寒缺氧，使得保护区内保留了我国特有和珍稀得野生动物。由于保护区独特的地理环境和丰富的自然资源，IUCN（世界自然与自然资源保护联盟）、WWF（世界野生生物基金会）联合考察后在报告序言中称，这里是"世界上少有的生物地理省之一，是不可多得的高原物种基因库"。保护区在 1983 年建立的当年，即被收录到《大英百科全书》名录中，并被我国列入《我国生物多样性保护行动计划》优先保护名录。

保护区内野生动物有 359 种。其中蹄类 30 种、鸟类 79 种、昆虫 250 种（已发现新种 2 个）。国家一类保护动物 12 种、国家二类保护动物 17 种。

保护区内已发现高原植物 267 种，分属 30 科 83 属，新亚种 17 种。无乔木，只有半灌树，呈高原矮化特征。

神秘莫测的青藏高原

第六章　青藏高原上的天路——青藏铁路

青藏铁路是我国实施西部大开发战略的标志性工程，是我国新世纪四大工程之一。它东起青海省省会西宁，西至西藏自治区首府拉萨，全长 1956 千米。其中，西宁至格尔木段 814 千米已于 1979 年铺通，1984 年投入运营。青藏铁路格尔木至拉萨段，北起青海省格尔木市，经纳赤台、五道梁、沱沱河、雁石坪，翻越唐古拉山，再经西藏自治区安多、那曲、当雄、羊八井，至拉萨，全长 1142 千米，其中新建线路 1110 千米。青藏铁路是当今世界海拔最高、线路最长的高原铁路。由于跨越了世界上最高的高原，这条铁路也被人们称作"天路"。

青藏铁路由于面临脆弱的生态、高寒缺氧、多年冻土和狂风扰乱工作等几个世界性难题，在建设过程中创造出了许许多多国内外"第一"。

世界海拔最高的铁路

青藏铁路二期工程格尔木至拉萨段，全长 1110 千米，是我国实施西部大开发的一个标志性工程。格拉段北起青海省西部柴达木盆地内的新兴工业城市格尔木，途经纳赤台、昆仑山、五道梁、沱沱河、雁石坪，翻越唐古拉山，再经西藏北部高原上的安多、那曲、当雄、羊八井，一路向南到达拉萨。它穿越 550 多千米的多年冻土地段，全线平均海拔在 4500 米以上，最高路轨横跨海拔高程达 5072 米的唐古拉山垭口。

巍巍群峰，绵绵雪域，茫茫戈壁……古老而神秘的青藏高原千百年来沉寂落寞。这里虽然地大物博、美丽富饶，但过去由于受经济、社会、自然等条件限制，交通闭塞，物流不畅，高原人只能长期固守自给自足的庄园经济。直至 1949 年，整个西藏仅有 1 千多米便道可以行驶汽车，水上交通工具只是溜索桥、牛皮船和独木舟。

为促进高原地区经济发展，早在 20 世纪 50 年代，党和国家就着力研究解决进藏铁路建设问题。在经过 1958 年动工修建、1960 年停工缓建、1974 年挥师复建之后，1984 年，青藏铁路西宁至格尔木段 814 千米建成通车。

世界上再也没有哪一条铁路能如此给人以震撼和激动，在"除了月亮之外最神秘的地方"——青藏高原上，一条举世瞩目的钢铁巨龙正蜿蜒前行，它突破生命禁区，穿越戈壁昆仑，飞架裂谷天堑……它以无可争议的事实告诉世人：它是目前世界上海拔最高、线路最长的高原铁路。

世界最高的高原冻土隧道——风火山隧道

风火山隧道位于海拔 5010 米的风火山上，全长 1338 米，轨面海拔标高 4905 米，全部位于永久性高原冻土层内，是目前世界上海拔最高、横跨冻土区最长的高原永久冻土隧道，有"世界第一高隧"之称。

来到风火山隧道，首先被隧道口前那巨幅对联所吸引："乘白云抚蓝天搏击雪域缚苍龙，踏清风邀明月洞穿世界最高隧"。风火山地区气候环境极为恶劣，年平均气温－7℃，最低气温达－40℃左右，严寒、缺氧。

但是这些苦难并没有吓到我们的铁路建设者，他们在打通风火山隧道时，为解决高原缺氧问题，他们建起了目前世界上海拔最高的制氧站，在隧道施工中，对洞内进行弥漫式供氧，使洞内氧含量提高，从根本上解决了高原施工缺氧的难题。

2001年10月18日，风火山隧道打响第一炮，产生的弃渣令人触目惊心。这些弃渣含土量约为15％～20％，隧道地质结构主要为含土冰层、饱冰冻土、原始冰川、裂隙冰、砂岩、泥岩及泥沙互层。风火山隧道被列为青藏铁路全线重点工程之首，誉为"天字第一号工程"。

2002年10月19日，风火山隧道——这条世界上最高的高原冻土隧道经过建设者们整整一年的奋战，终于顺利贯通。

世界最长的高原冻土隧道——昆仑山隧道

海拔4648米的昆仑山隧道洞口六月飞雪，一天四季，高寒缺氧，氧气含量只有内地平原地区的一半，最低气温达到－30℃。

奋战在这里的青藏铁路建设者们，冒着青藏高原严酷的自然环境，修筑这条世界上最长的高原冻土隧道。在冻土区进行隧道施工比在平原地区施工难度大得多。每到夏季，隧道内部温度上升，有时达7℃左右，在这样的温度下冻土容易融化，洞内时有冰碴掉下来，给施工带来很大困难。为了防止和减小冻土病害对隧道稳固性能的影响，在昆仑山隧道施工中采取了比平原地区多一倍的工序。在平原地区隧道施工只需在锚喷支护后，外加一层混凝土即可，但在冻土地区隧道施工，还需要设两道防水层和一道保温板，起到防水保温作用，最后再衬砌一道混凝土。这就相当于给隧道穿上了防水保暖衣，有效地解决了冻土隧道施工难题。

昆仑山隧道于 2002 年 9 月 25 日贯通。这凝固了多少劳动人民的血汗和智慧呀！

世界海拔最高的火车站——唐古拉车站

唐古拉车站位于海拔 5068 米的唐古拉山垭口多年冻土区，占地面积约 7.7 万平方米，设计为三股道。唐古拉车站主要适应列车会让的需要。根据这个车站所处的地理位置及地质特点，工程设计中采用了片石通风路基。这种设计可以使冻土温度保持相对稳定，以减少对冻土的扰动，达到有效保护冻土的目的。

唐古拉车站于 2004 年 8 月建成，成为千里青藏线上的一大景点。

世界最长"代路"桥，高原冻土上最长铁路桥

清水河特大桥位于海拔 4500 多米的可可西里无人区，全长 11.7 千米，是青藏铁路线上最长的"以桥代路"特大桥，也是整个青藏铁路格拉段建设的重点控制工程。清水河特大铁路桥如同一条美丽的彩虹，飞架在平均海拔 4600 米以上的可可西里国家级自然保护区核心地带。这里高寒缺氧，植被稀少，生态脆弱。同时这里处于高原多年冻土地段，冻土厚度达 20 多米，且含冰量高，这给修建青藏铁路增加了不少难度。为了解决高原冻土区施工难题和保护好自然

保护区，青藏铁路勘察设计的专家们采取了"以桥代路"的措施。

清水河地区季节性温差明显，夏季最高温度达 38℃，冬季最低温度达－40℃，在这样的气候条件下，冻土区就会出现热融湖塘、暗河、冻涨球等现象。除了在地表能看到的热融湖塘外，到了夏季，气温升高，冻土融化，还会在地下 20～30 米之间形成暗河；而到了冬季，热融湖塘和暗河由于气温的急剧下降，会形成突出地表的冻涨球。如果处理不好冻土问题，修筑的铁路将会变成高低不平的搓板路，留下运营隐患。由于恶劣的气候条件，个别桥墩因天寒出现了龟纹，为了保证桥墩的质量，已经炸毁了三座这样的桥墩。

在巨龙般逶迤而去的大桥下，各桥墩间的 1300 多个桥孔可供藏羚羊等野生动物自由迁徙。现在，铁路路轨已从这座大桥上顺利铺架通过。在神秘而美丽的可可西里无人区，清水河铁路桥已经成了一道迷人的风景线。

青藏铁路第一高桥——三岔河大桥

从昆仑山北缘的纳赤台上行 15 千米，一座雄伟的大桥拔地而起，像巨人的双臂托起飞驰而来的列车。这座大桥就是青藏铁路沿线最高的大桥——三岔河大桥。三岔河大桥全长 690.19 米，桥面距谷底 54.1 米，是青藏铁路全线最高的铁路桥。它共有 20 个桥墩，其中 17 个是圆形薄壁空心墩，墩身顶部壁最薄处仅有 30 厘米。

三岔河大桥地处海拔 3800 多米的高山峡谷中。这里冲积地层形成的峡谷，犹如利斧将一座高山从中劈开，三岔河大桥的两端就悬架在地势陡峻的山崖之上。

类似规模大桥的施工，在内地正常工期需要两年。但这座桥是青藏铁路格拉段的重点控制工程，承担着为前方铺轨架梁运输物资的任务，因此大桥建设的控制工期只给了1年时间。为了保证按时完工，建设者们只好抓紧时间，就是寒冷的冬季也必须施工。1、2月份，当地气温最低到－30℃以下，桥墩混凝土浇筑首先要解决保温难题。他们经过反复实验，采用了模板内通蒸汽保温，模板外生火炉，外罩棉被、篷布的方法，硬是在冰天地中创造了一个相对温暖的小环境。

经过建设者的顽强拼搏，三岔河大桥用1年时间如期竣工。

长江源头第一铁路桥——长江源特大桥

站在"长江源"环保纪念碑前遥望沱沱河，只见一座座桥墩静静地伫立在河水之中。清澈的水流绕过桥墩向下游流去。这里便是是长江源头的第一座大桥——长江源特大桥所在地。

长江源特大桥全长1389.6米，共有42孔，跨过约1300米的宽阔河床。桥址所在的沱沱河流域是青藏高原多年冻土地区腹部的大河融区，兼有冻土及融区的双重特性，给施工带来了一定困难。从2001年11月24日开工以来，长江源特大桥的施工进展十分顺利，主体工程比工程要求的日期提早了300多天完工。全桥钻孔桩都经过了无损检测，合格率达到了100％。

在长江源头施工，最令人关注的是环保问题。铁路建设者采取了各种措施，保护这里的环境不被污染。钻孔桩施工中产生的泥浆，都要进行二次沉淀处理，严禁将未沉淀的泥浆直接排入河中，沉淀池析出的水，用于路基施工和便道洒水。而其他废料、废渣之类也都要集中弃置到施工废弃的取土坑里，加以平整。

环保投入最多的铁路建设项目

青藏铁路建设面临着脆弱的生态、高寒缺氧的环境和多年冻土的地质构造等三大世界铁路建设难题。为了保护高原湛蓝的天空、清澈的湖水、珍稀的野生动物，青藏铁路仅环保投入就达 20 多亿元，占工程总投资的 8%，是目前我国政府环保投入最多的铁路建设项目，并在全国工程建设中首次引进环保监理；首次与地方环保部门签订环境保护责任书；首次为野生动物开辟迁徙通道。位于可可西里国家级自然保护区的清水河特大桥，就是青藏铁路专门为藏羚羊等野生动物迁徙而建设的。

为了战胜高寒缺氧的恶劣环境，保障铁路建设者的生命健康，铁道部、卫生部在我国工程建设史上第一次联合下文，对医疗卫生保障专门作出详细规定，并投入近 2 亿元，在全线建立医疗卫生保障点。如今，青藏铁路沿线的所有重点施工段，基本配有高压氧舱等先进设备，有效地解决了建设者缺氧困难。

为了攻克冻土难题，自青藏铁路开工建设以来，铁道部高度重视青藏铁路冻土攻关难题，先后安排了上亿元科研经费用于冻土研究，并组织多家科研院校的专家对青藏铁路五大冻土工程实验段展开科研攻关，获得了大量科研数据和科研成果。青藏铁路冻土攻关借鉴了青藏公路、青藏输油管道、兰西拉光缆等大型工程的冻土施工经验，并探讨和借鉴了俄罗斯、加拿大和北欧等国的冻土研究成果。目前，我国科学家采取了以桥代路、片石通风路基、通风管路

基、碎石和片石护坡、热棒、保温板、综合防排水体系等措施，冻土攻关取得重大进展，青藏铁路的冻土研究基地已成为我国乃至世界上最大的冻土研究基地。

除此之外，青藏铁路建设的过程还创造了不少其他的纪录，比如，用 4 辆巨型平板卡车把国家调拨给西藏的第一批 4 台内燃机车整体运上高原的这一创举创造了西藏公路运输史上的多项纪录，海拔 4700 米的安多铺架基地是世界上海拔最高的铺架基地。

青藏铁路的意义和作用

青藏铁路是条具有划时代意义的经济线、文化线

青藏铁路全线贯通，必将对改变青藏高原贫困落后面貌，增进各民族团结进步和共同繁荣，促进青海与西藏经济社会又快又好发展产生广泛而深远的影响。有利于促进西藏工业、旅游业等产业的发展，优化西藏的产业结构，实现我国地区经济的平衡、协调发展；有利于西藏矿产资源的开发，发挥资源优势；有利于降低进出西藏货物的运输成本，提高经济效益；有利于西藏的对外开放，加强与其他地区及国外的经济交流与合作；有利于西藏市场机制的发育和人们市场意识的增强，促进经济的发展；有利于西藏人民生活水平的提高和全国人民的共同富裕。有利于促进我国各民族的共同繁荣，进一步巩固平等、团结、互助的新型民族关系；有利于我国边疆的稳定和国防的加强；有利于少数民族人民当家做主地位的体现和国家政权的巩固。所以修建铁路首要的目的就是要为西藏的经济社会发展提供一个强大的运力支持，同时这一条铁路建设也可以进一步

增加内地和西藏紧密的联系和交流，增强民族团结，保卫国土安全。

发挥青藏铁路的作用，打造成国内一流的物流中心。加紧研究青藏铁路通车运营后给西藏经济社会生活各方面带来的深刻影响，用全新的思路谋划发展，最大限度地挖掘青藏铁路的巨大发展潜力，最大限度地发挥青藏铁路的强大辐射作用，使青藏铁路更好地为促进西藏经济社会发展、造福西藏各族群众，努力将那曲物流中心打造成国内一流的物流中心。

青藏铁路战略意义

青藏处于我国的西南边陲，与印度、巴基斯坦等国接壤，地理位置十分重要。在各国中，印度对于青藏铁路的关心超乎寻常。《今日印度》报道，青藏铁路的建成运行"极大地提高了我国的军事机动及后勤供给能力"，"它可以使我国政府每年向西藏运送500万吨物资，也可以在一个月内运送多达12个陆军步兵师"。还有媒体称青藏铁路将极大地增强我国对印度的军事进攻能力，便于中方运输中程导弹等。青藏铁路的建成使得西藏与我国内地的联系更紧密，由此而产生的连锁反应很可能是尼泊尔和孟加拉国"进一步向我国靠拢"，整个南亚次大陆的地缘战略形势届时都将受到深刻影响。

青藏铁路正式通车对尼泊尔人来说也非常重要。青藏铁路通车可以使我国内地主要城市与尼泊尔贸易的陆路运输时间从12～18天缩短到一周以内。青藏铁路的通车，尤其将推动尼泊尔落后的北部山区的经济发展，未来尼政府可能会在这些地区设立边贸特区，使其变成尼经济起飞的一个增长点。青藏铁路将帮助尼泊尔更独立自主地出现在世界政治舞台上。

第七章 青藏高原上的历史、文化

青藏高原上人烟稀少，但虽然如此，这里有可能在两万年前就已经有旧石器文化的人类生存了。青藏高原上的文化受到其周围文化（汉文化、西域文化和印度文化）的影响，但同时它也保存了它的独有性。

第一节 古老的文化：距今约23000年以前就有人类生活在青藏高原上

青海是祖国的一个十分可爱的地方。距今约 23000 年以前，就有人类生活在青海高原上，并创造了灿烂丰富的古代文化。

旧石器时代的文化

1956 年夏，科学工作者在长江源头的沱沱河沿岸、可可西里等地，发现了一批打制石器。这充分说明早在旧石器时代，唐古拉山地区就有人类活动。1982 年，在海西小柴旦湖东南岸，发现了一处旧石器时代的文化层，据考古工作者测定，其年代至少在 23000 年以前。这是目前已知的青海境内最早的远古文化。1980 年，在贵南县又发掘出距今约 6000 多年的拉乙亥文化，出土文物除石器外，还有许多兽骨和骨器，说明狩猎已是当时主要的生产活动之一。

新石器时代的文化

青海的新石器时代文化发现的很多，最著名的是距今约 4000 年左右的柳湾文化。在柳湾遗址出土文物 30000 多件，其中彩陶多达 15000 多件，这些彩陶造型多变，花纹和图案精美，艺术水平很高。柳湾遗址堪称是一座彩陶艺术的宝库。

柳湾文化

柳湾文化早期墓葬中的陶器和装饰品较多，晚期墓葬中生产工具大量增加，表明当时的原始农业和畜牧业有了进一步的发展。晚期墓葬中，主人往往是男性，多侧身直肢；女性紧靠男性，多侧身屈肢，这表明柳湾文化晚期已进入父系氏族公社时期。

彩陶盆

1973 年秋，在大通县上孙家寨，出土了一件内壁绘有舞蹈图案的彩陶盆。这件彩陶的舞蹈图案花纹极其精美，堪称青海古代文化的珍品，具有很高的艺术价值和研究价值。盆高 12.7 厘米，口径 28.5 厘米；舞蹈花纹图案共 3 组，每组 5 人。

青铜时代的文化

我国在夏朝时进入青铜时代，跨越商朝、西周，截止于春秋，延续了 1600 年左右。青海发现的青铜时代文化遗址很多，具有代表

性的是相当于夏、商时期的卡约文化和相当于西周时期的诺木洪文化。卡约文化主要分布在青海东部的湟水流域及黄南、海南、海北等地区。迄今为止，已发现遗址 1000 多处，出土文物异常丰富，除大量陶器之外，还有石制、骨制的生产工具。诺木洪文化主要分布在海西的柴达木盆地。出土文物除毛织品残物及铜刀、铜斧等铜器外，还发现了翻地用的骨耜，收割用的石刀，以及定居的房屋和牧畜圈栏。表明当时的人们在冶铜、毛纺织技术方面，已经达到了相当高的水平。

经考古研究确认，卡约文化和诺木洪文化都是青海的本土文化。从经济类型来看，农牧业并举是当时主要的生产活动，在某些地区，以畜牧业为主。根据当时的民族分布来看，这两种文化应属羌人文化。

第二节　吐蕃与唐的几次会盟

吐蕃

《辞海》中记载：吐蕃是我国古代藏族政权名。公元 7～9 世纪时存在于青藏高原。它是由雅隆（在西藏山南地区）农业部落为首的部落联盟发展而成的奴隶制政权。赞普松赞干布时，降服苏毗、羊同等部，定都逻些（今拉萨），建官制，立军制，定法律，创文字，形成以赞普为中心的集权的奴隶主贵族统治。8 世纪后半叶赞普墀松德赞时，最为强盛，曾辖有青藏高原诸部，远及西域、河陇地区。9世纪中赞普达摩死后，统治集团分裂，奴隶、属民起义，吐蕃瓦解。计传位九代，历时两百余年。境内生产以农牧业为主，并有冶炼、毛织等手工业，接受大量汉族工艺技术。上层原信苯教，后崇尚佛教。文献遗存有大量碑铭、文书及汉梵医术、历算、佛经等藏文译本。赞普松赞干布、赤德松赞先后与唐文成公主、金城公主联姻，唐蕃通使频繁，经济文化联系甚为密切。吐蕃是唐人对这一政权的称谓，在吐蕃政权崩溃后，宋、元及明初史籍称青藏高原及当地土著族、部为吐蕃或称西蕃。

吐蕃的统一

吐蕃的统一大业是从松赞干布的祖父达日宁塞开始的。统一进程中的第一块也是最大的一块绊脚石就是苏毗。当时，苏毗强而吐蕃弱，为了在强邻虎视眈眈的目光里生存下去，达日宁塞甚至不得不将亲妹妹送往苏毗做人质，委身于苏毗王做一名侍女，而且还得每年纳贡称臣，才能换来夜晚的安睡。

也许强大是容易令人头脑发昏的。不久，苏毗王不知出于何种目的，突然大规模地剥夺他的国家里贵族们的土地和奴隶，而这两者无异于贵族们的性命。这样，苏毗王在国内大失民心，顿时群情汹汹，不少苏毗贵族萌生了反意，其中的几位将军带着少量的军队投奔了吐蕃。

达日宁塞在准备进攻苏毗时去世，朗日松赞接着达日宁塞未完成的事业继续奋斗。他在苏毗降将们的配合下发动奇兵渡过雅鲁藏布江，苏毗王还在睡梦之中，这支劲旅已兵临城下。朗日松赞大获全胜，苏毗从此远遁。朗日松赞占据了原属苏毗的吉曲河流域，并在那里修建了加麻明久林宫，在这座象征着新政权的新宫殿里，松赞干布降生了。

由于苏毗降将们的功劳，朗日松赞对他们优礼有加，这却引起了他的一些老部下们的强烈不满，他们以军人的荣誉认为，自己出生入死、冲锋陷阵竟然还不如几个人格卑下、背信弃义的降将，简直是军人的奇耻大辱。

王子复仇

在松赞干布 13 岁那年，这位快乐王子突然面对了人生最大的恐惧和悲痛：他尊敬的父王，他视为天神的父王，竟然被几个自认立了大功却没得到应有封赏的大臣毒死了。

锦衣玉食的小王子松赞干布甚至来不及为父王的惨死痛哭几声，就已经被推上了赞普的宝座。但这位东方的王子显然比那位西方的王子更具有人君的素质，当他确信只要他以王国唯一合法继承人的身份坐在赞普位置上，他所下的一切命令便都是不可更改的旨意时，他阴沉着一张还带着稚气的脸开始了复仇的雷霆行动。

犯上作乱的几个大臣被松赞干布处死了，少年松赞干布相信：只有用铁和血才能巩固并发展自祖父以来几代人的事业。他这样想，也这样做了。结果，他成功了。历史总是给予他这样的铁腕人物以青睐。如果说为父报仇的果断和残忍只能证明松赞干布血气方刚和果敢坚决的话，那么接下来他对吐蕃王国的一系列内政外交则证明他是雪域高原几千年来的第一位伟大政治家。

朗日松赞的突然辞世，给吐蕃留下了一个危险的局面：一方面，

虽然吐蕃势力已成为高原第一强国，但周围仍有不少大大小小的政权虎视眈眈，稍有动静便会伺机而上；另一方面，继位的松赞干布年仅 13 岁。

主少国疑，这是历朝历代都十分忌讳的不利局面。但松赞干布以铁的手腕和雷厉风行的措施让新兴的吐蕃王国顺利地渡过了它的瓶颈期。

朗日松赞新建的加麻明久林宫位于今天拉萨东北的墨竹工卡，松赞干布在这里出生，在这里度过了幸福的童年，但也在这里目睹了父亲的死亡，这座金碧辉煌的王宫给他的记忆抹上了痛苦的一幕。当年幼的赞普在黄昏时那显得昏暗而斑驳的王宫里独自走来走去时，他能感觉到内心的惊恐与不安，以及那种青春和事业在体内交织的冲动。

这种不安的情绪使松赞干布对父亲的这座王宫始终有一种阴郁之感，再加上这里原本是苏毗旧地，并不具有地缘政治上作为首府的条件，松赞干布不顾一些大臣的坚决反对，决定将首都迁往拉萨红山，在那里营建新的宫殿——布达拉宫。

松赞干布还作出了几大改革方略：军事上，他仿照中原隋唐的府兵制，建立了一套完整的军事组织。政治上，他还设置了各级官府，创立了尚论制。法律上，他依照佛家的十善法制订了二十条王国的法律体系。这二十条法律不仅是法律条文，相当一部分还是道德甚至社会礼仪与处世原则的规定。它既宣布要对奸恶之人严惩不贷，同时也对一般的行为规范作出了说明。文化上，他派吞米桑布札翻越喜马拉雅山，到印度学习。几年后，吞米桑布札学成回藏，创造了藏文字母。

就在吐蕃的势力向西一直延伸到尼泊尔边境，向北延伸到今天的新疆，向南延伸到了南诏，向东则延伸到了今天的甘肃，吐蕃迎来了其历史上势力最大的黄金时代的那时候，当时，唐朝天下初定，隋末的创伤正在受到良好的医治，我国历史上出现了最富影响力的贞观之治。松赞干布是吐蕃历史上最雄才大略的君王，虽然他拥有数十万能征惯战的铁骑，但他只是以这些武力作后盾，与周边的政权——尤其是唐帝国一直保持着一种和平的状态。

中原的文明一定通过河西走廊传到了逻些，这丰富多彩的文明必然使松赞干布心向往之。因此，在艳羡大唐文明的同时，他想到了和大唐联姻。

美丽的文成公主

638年，松赞干布派出求婚专使前往长安求见唐太宗，要求以公主嫁给他，从此约为婚姻。但唐太宗小看了青藏高原这个奴隶制王国的势力，他轻率而有些傲慢地回绝了。639年，松赞干布派出他手下最得力的大臣——吐蕃大相噶·域松，翻过白雪皑皑的喜马拉雅山前往尼泊尔，求娶到了尼泊尔的尺尊公主。

在顺利地迎娶了尺尊公主的次年，松赞干布再次想起了东边的唐帝国，他再次派出使者求婚，这次充当求婚使的，仍然是出使尼泊尔的噶·域松。这一次，终于成功了。

641年，在唐礼部尚书、江夏王李道宗的持节护送下，文成公主及唐蕃专使和随行人员数千人辞别唐太宗，经青海日月山抵达吐谷浑，在河源建起馆舍。而松赞干布也于此前从逻些出发，在青海玛多县境内迎接到了文成公主，在执子婿之礼见过李道宗后，松赞干布带着文成公主返回逻些，并举行了盛大的婚礼。

据传说，文成公主此次入藏带进了："诸种府库财帛，金镶书橱，诸种金玉器具，诸种造食器具、食谱、玉辔与金鞍，诸种花缎、锦、绫、罗与诸色衣料 2 万匹"，以及"四百有四医方，百诊五观六行术，四部配剂术"、"书典三百有六卷，术数书三百卷"——也就是说，这位美丽的女子带到雪域高原的，不仅是她随身的物品，而是一个强盛帝国的文化和经济的方方面面。

大唐和吐蕃在松赞干布在世的时候，基本保持着一种和平的局面，但松赞干布死后，战争一次又一次地打开了。

650 年，松赞干布去世，由于他的儿子贡松贡赞早于他本人先亡，因此他的孙子芒松芒赞继位为赞普。因为小赞普年仅 13 岁，所以国政一概由那位杰出的大相噶·域松主持。

松赞干布虽然去世了，但他励精图治所留下的大好局面还在，深怀扩张领土之心的噶·域松更是大权在握。而在东方的长安，我国历史上最强盛的大唐的势力已伸入西至葱岭（今帕米尔）一带，在高昌（今新疆吐鲁番）设立了安西都护府。此后，唐高宗更是将势力西进，一直深入到里海，这必然与同样正在积极向外扩张的吐蕃水火不相容。因此，大唐和吐蕃这两个政权之间的战争几乎成为一种不可改变的必然趋势。

唐朝和吐蕃之间的战争，主要蔓延在今天的陕甘宁青新及川滇地区。663 年，在噶·域松的主持下，吐蕃利用吐谷浑叛将素和贵第六纵队为内应，再以精锐骑兵向吐谷浑这一唐的附属大举进攻。吐谷浑大败，国王逃往内地，被唐政府安置在灵州。吐谷浑自西晋永嘉末年建国于诸羌之中，至此历时 350 多年而亡。

吐蕃在对唐的政策上，一方面采取进攻其附属国和边远之地的蚕食方法，一方面却又不断派使者到长安求和。吐蕃在消灭吐谷浑后，又派使臣到长安贡献方物，唐高宗李治很是气愤，吐蕃使臣也只是说奉命来献方物，其他不敢与闻。唐高宗理直气壮地拒绝了对手的礼物。从此，两国更加交恶，战争更加频繁。

公元 670 年，在唐为咸亨元年，吐蕃铁骑越过大坂界山进入新疆，攻占了龟兹、焉耆、疏勒、于田等安西四镇。安西四镇扼通往西域及中亚之要冲，是丝绸之路的必经之地，唐政府一直派有重兵把守，却在不经意间竟被吐蕃全部攻占，唐政府的惊惧和愤怒可想而知。

同年，唐政府命名将薛仁贵为逻些道行军大总管，率兵 10 多万护送被吐蕃赶走的吐谷浑王回国并进攻吐蕃，双方在大非川展开决战。

这是吐蕃与唐朝的最大一次战争，双方投入了数十万军队，战线在茫茫的草原展开。以骑兵为主的吐蕃军队占尽优势，名将薛仁贵再次名扬天下，不过，这次不是因为他大胜，而是因为他大败。

噶·域松病逝后，他的儿子噶·钦陵继掌吐蕃大权，他的其他三个儿子赞婆、悉多于和勃伦居外将兵，赞普成为事实上的木偶。

公元 676 年，吐蕃进攻今青海化隆和甘肃文县等地；678 年，唐政府令中书令李敬玄及工部尚书刘审礼统兵 18 万与吐蕃相持于青海。青海湖畔，刀光剑影，刘审礼以副统帅之位被吐蕃生俘。

在南边，唐政府在四川理县筑城堡以抵挡吐蕃军队进入成都平原，但吐蕃成功地诱降了原本归属唐政府的当地头人。在当地头人的帮助下，那座名为安戎城的高大巍峨的城堡被攻破，于是，居住在四川西部——包括今天的甘孜、阿坝和凉山一带的少数民族尽数归属吐蕃。

吐蕃王朝的势力至此到达了巅峰：吐蕃已完全占领了羊同、党项及原本羌人的土地，东面以大小凉山及理县与唐政府相峙，北面则完全控制了安西都护府，南下势力则渗入到婆罗门——今天的印度阿萨密。

公元680年，文成公主在逻些去世。此时，唐政府决心从与吐蕃相持的被动局面中扭转过来。这一年和下一年，唐政府令左武将军常之为对吐蕃战争的统帅，这位天才的战略家先后在湟川和良非川两次击败吐蕃军队。趁胜利之势，唐政府命常之为河源军经略大使，在边境线上置烽戍70多所，同时令部队实行垦田，开垦出良田达5000顷，每年收获粮食500多万石，解决了以前与吐蕃战争中补给线太长而无法保障粮食供给的老大难问题。

时间一晃就在唐蕃的相持中过了10多年，唐政府觉得进击吐蕃收复失地的机会终于来临。692年，吐蕃统治下的四川和青海几个部落不堪吐蕃的连年征战，纷纷率众内附。唐武威道行军总管王孝杰率西州都督唐休景以及左武卫大将军阿史那忠节向安西四镇吐蕃军队进攻，并一举攻克四镇。安西四镇自670年被吐蕃占领到此时收回，已达23年之久。

再小的君主也有他长大的一天，随着都松芒布结的成长，他血管里流淌着的松赞干布的雄性的血液使他决心除掉钦陵及其整个家族，虽然这个家族在他家的王朝历史上曾立下了不朽的汗马功劳。但一旦当这些功臣们以这些功劳作为进据之本，进而窥视神器时，没有一个君主会坐视不管。

698年，都松芒布结亲政已经有些时日了，他觉得准备得差不多了，可以向钦陵动手了。但钦陵远在西宁，手挽兵符，一旦处理不当，不但自己将遭到灭顶之灾，恐怕整个吐蕃也会陷入可怕的血光里。

不知是谁向这位 27 岁的赞普进献了一条计策：让他以出猎为名，前往西宁巡行，当钦陵毫无戒备地前来参见赞普时，都松芒布结一声拿下的喝令，早有准备的近卫军们一拥而上，将钦陵捆绑起来。

在剪除了钦陵家族后，年轻的赞普都松芒布结极力想振作一番，但这时的吐蕃已开始从极盛的巅峰向下坠落。这种坠落，一方面来自唐政府的打击，另一方面来自于吐蕃各附属小国及部落的纷纷反叛。

公元 704 年，原本臣服吐蕃的尼婆罗及婆罗门等属国反叛，都松芒布结率兵亲征。但是，瓦罐不离井口破，大将难免阵前亡。他在亲征尼婆罗的战斗中血染沙场，成为吐蕃史上第一个死在战场上的赞普。

次年，年仅 7 岁的赤德祖赞即位，由其祖母没禄氏垂帘听政。壮主骤丧，幼主新立，原本就走着下坡路的吐蕃不得不调整它好战的对外政策，最重要的一条就是改善和东面的唐朝的关系。而唐朝方面，此时是武则天称帝的最后一年，这位我国历史上唯一的女皇帝此时身心俱疲无力再与吐蕃交战。双方一拍即合，息兵修好成为这一时期最主要的命题。

金城公主入藏

706 年，唐蕃会盟。第二年没禄氏仿当年松赞干布故事，派使者入唐为刚 10 岁的赤德祖赞求婚，唐中宗封雍王李守礼之女为金城公主，许配与赤德祖赞。

710 年，唐中宗令大将军杨矩护送金城公主入藏。临行前，唐

中宗亲率百官送别金城公主，一直送到始平县，并在这里举行盛大宴会，以示对金城公主远嫁他乡的嘉奖。而且将始平县改为金城县，赦放了始平县监狱中所有的犯人，免除该县百姓一年的赋税，颁布金城公主远嫁制书，表示双方和平通婚的意义。

如同文成公主入藏时一样，金城公主此番的陪嫁物品包括上万的绸缎，无数的书籍，随同的还有各种手工匠人以及乐手、僧人，无疑，这是又一次中原文明以物的方式所作的西进。

但是，赤德祖赞在逻些城外和一群贵族少年赛马，却不幸从飞驰的马背上摔下来，当即身死。这时的金城公主正好走到汉藏交界之地，老赞普赤德松赞是不幸早逝的小王的祖父，他在小王死后执掌国柄，同时也派人迎接金城公主，希望金城公主改嫁于他。可怜的金城公主尽管万分不愿意，但还是嫁给了年龄大过他一倍还有余的老赞普赤德松赞。

和亲作为一种政策，往往只是一种缓兵之计，是漫长战争之间一个短暂的休止符。

714年，唐和吐蕃再次会盟，定国境于河源，明载盟文，以资共守，这是唐蕃第二次会盟。

但血的事实总是会撕破墨写的谎言。当双方信誓旦旦的会盟墨迹未干，吐蕃大相坌达延已率10万大军入取临洮。驻守在这一带的唐鄯州都督杨矩，此人当年曾护送金城公主入藏。当年，吐蕃上下向此人大肆贿赂，求他代为请求将河西九曲地作为金城公主的汤沐邑赐予吐蕃，这块军事要地于是就以这种体面的方式轻而易举地给了强大的对手，为吐蕃此次东向牧马搭了一块跳板。

临洮和陇西失守，唐玄宗大惊失色，急令名将薛仁贵的儿子薛讷为陇右防御使，率步兵6万，骑兵4万迎击。薛讷虽然名气远逊于乃父，但似乎比他那位盛名之下的父亲更有军事天才。唐军与吐蕃军在武阶驿、大来谷一带会战，双方隔着一条洮河来往交锋。这一战，吐蕃大败，死伤的尸体将洮河堵塞不流，而鲜血则使整条河变成了血腥的红色。此后相当长的一段时间里，从洮河里打上来的龟，不少人从龟腹里吃到了人的指甲和毛发，以至于多年后洮河流域的人视鱼为不祥之物。而多年以后，当吐蕃与大唐又言归于好，双方都曾派人到洮河之滨凭吊这次激战的阵亡将士。

洮河之战，令一向以武力自恃的吐蕃气为之丧，会战刚结束，吐蕃又派出使团前往长安求和。唐玄宗对吐蕃集团的这种反复无常感到一种被羞辱的恼怒，他以吐蕃要求"敌国之礼"——即平等地位和"言词悖慢"为由，坚决不答应。

大唐和吐蕃之间陆路交通的必经之地是九曲黄河的上游，当年金城公主入藏，为了便于双方的来往，曾火速在黄河上架有一座木桥。唐玄宗一怒之下，令人将此桥拆毁，将黄河天堑作为两国对垒的楚河汉界。

金城公主毕竟是背负着和平使命的使者。当唐玄宗拒绝吐蕃求和的消息再一次以500里加急文书的方式飞报逻些时，金城公主坐不住了，她令宫女们取来笔墨纸砚，当砚墨的宫女还来不及将墨砚得更浓时，心急如焚的金城公主便饱含深情和期望地上书唐玄宗，希望朝廷能听取吐蕃君臣求和订盟的要求。

金城公主这封信很快送到了长安，唐玄宗将它交给满朝文武讨论，左拾遗皇甫惟明被金城公主的真诚与无奈所感动，当即建议唐玄宗同意和吐蕃订盟。

针对唐玄宗愤怒不已的吐蕃赞普此前在来往书信中的言词悖慢无礼，皇甫惟明认为：开元初年，赞普年纪尚小，哪里会这样做呢？

这必定是边将伪造文书，以此激怒陛下，兴师问罪，他们好从中渔利，邀功讨赏。现在战事如果继续进行，日耗千金，河西陇右，百姓困顿，民不聊生。陛下不妨派使者去看看金城公主，再与赞普面议和事，从此永息边患。

唐玄宗认为皇甫说得有道理，于是就派他为特使前往吐蕃，并给金城公主捎去一封至今也不知内容的信。

唐朝特使的到来令渴望和平的吐蕃臣民大为欢喜，赞普向皇甫惟明一一出示了自贞观以来唐朝历代帝王给吐蕃的诏书，表示他一向恭谨地侍奉着这个中央大国。在给唐玄宗的回信中，赞普写道：外甥深知前代文成公主及今日金城公主的关系，以前因为年纪小，被边将欺蒙，以前我多次派人入朝，又被唐朝边将阻挡，因此无法和陛下沟通。这次承蒙您派特使来看望公主，我非常高兴，已处分了蕃中边将。希望允许订盟，恢复旧好。

接着，双方以青海湟源日月山为界，再一次订立了互不侵犯条约。这是唐蕃的第三次订盟，双方信誓旦旦的和平款语都刻画在了坚硬的石碑上。

但国与国之间没有恒定不变的友情而只有白云苍狗的利益。这次会盟换来了三年的和平。

736年，吐蕃进攻受唐保护的附庸小勃律，唐玄宗这位以英主自居的皇帝再一次感到愤怒和脸上无光。恰在此时，河西节度使崔希逸与吐蕃边将乞力徐很友善，双方都撤除了边界上的障碍以示和平。这样，吐蕃牧民放牧的成千上万的牛羊和马匹就在两国之间的缓冲地带悠闲地吃着草。崔希逸的部将孙诲是一个企图在边战中立功然后封妻荫子的家伙，他向唐玄宗上报认为可以趁此机会袭击吐蕃。正在气头上的唐玄宗立刻批准了这一擅开边衅的建议。

孙诲的骑兵自然抢到了一些并不值钱的牛羊，但金城公主苦苦盼来的和平又一次泡汤了。战事重起，狼烟又开始远远近近地燃烧，而三年前双方在赤岭上立的界碑，也被唐军像扔一块抹桌布那样推倒扔掉。

741 年，金城公主在逻些失望地去世。从出嫁到去世，她在吐蕃生活了 32 年，这一生，她好像就是为了唐蕃之间的和平而存在，她渴望看到和平，但最终她却看到了太多的流血和杀戮。

值得一提的是，金城公主刚刚去世，吐蕃一面把这不幸的消息告诉唐朝，一面再次请求和平，但被吐蕃的反复无常弄得快害上狂躁症的唐玄宗坚决不肯同意。他只是用为自己放假三天不上朝的方式来表示他也为那位远死在异乡的女子伤感。

火烧长安

尽管吐蕃不断向东扩张，但他们肯定没有想过有一天要占领中原，也没想到有一天他们会攻下当时世界上最大最繁华的国际大都会——长安，他们不断的入侵只是一种蚕食，而这种蚕食到底有多大价值，需要付出多少人命来换取，这也是一个值得重新估算的数学题。不过，正如我们无法理解成吉思汗及其子孙为什么要占领那么多荒凉的土地而毕生都在马背和征战中度过那样，我们同样无法理解，吐蕃为什么一方面要求和亲会盟，一方面又总是不断挑起事端，难道，他们真的无法让狂野的心长久地平静吗？

历史给了吐蕃一次机会——他们竟攻占了当时即有 100 多万人口的长安——此时的巴黎和伦敦均不过 10 万人口。

是安史之乱给吐蕃带来的机会。安禄山和史思明这两位深受皇恩的重要边将的反叛，使盛极一时的开元盛世走上了穷途末路。

755 年，久有异志的安禄山在范阳起兵反叛，唐政府军在久已和平的年代里，几乎没有可以制敌的作战能力。安禄山军队势如破竹，于次年攻下首都长安，唐玄宗这位诗酒天才只得带着他宠爱的杨贵妃逃往四川。

中原大乱，唐政府有作战能力的军队都驻扎在西北与吐蕃对垒。唐政府火烧眉毛顾眼前，只得将边地军队调回内地作战。757 年，名将郭子仪与吐蕃赤松德赞——就是金城公主所生的那位婴儿的使者结盟，双方又一次划定边境，表示互不侵犯。作为补偿，唐政府送给赞普绸缎 5000 匹。这是唐蕃的第四次会盟。

赤松德赞被认为是吐蕃史上仅次于松赞干布的英雄人物。英雄人物往往对征服有着异于常人的快感。一纸盟约和 5000 匹绸缎是无法让赤松德赞坐山观虎斗的，于是，就在盟约墨汁未干的次年，吐蕃军队长驱直入，没有正规边防军把守的唐朝等于国门大开，凤翔以西的河西走廊及安西四镇全部失守，今天的青海和甘肃等地完全为吐蕃所控制。

趁攻陷安西四镇之余威，吐蕃继续向内地深入。763 年，在唐朝降将高晖的向导下，吐蕃纠集其尾巴小国吐谷浑、党项、氐等 20 多万军人攻打长安。这时大唐天子为李豫，李豫只得像他无能的老爹一样仓皇出逃。盛极一时的大唐帝都竟然就这样被一个来自高原的文明远逊于己的少数民族占领了。

庆幸的是，吐蕃虽然有强大的骑兵和勇敢的战士，但他们却没有足以统帅整个中原这么巨大的国家的政治头脑——甚至也根本没有这样的打算，对于他们而言，攻陷长安有点像意外的惊喜。因此他们的惊喜显然无法维系得更久，前后仅仅 15 天。吐蕃骑兵在郭子

仪等将领的率兵反扑下，不得不退出了长安，就像他们来时那样疾速无比。

既然不能长期地占有长安这个花花世界，那么最解气的办法就是将它打碎，让它的主人来收拾一个烂摊子吧。本着这样的心理，吐蕃军队在撤出长安之前，在城里四处放火，长安这座帝王之都变成了一片火海。

第三节　佛的世界

在雪域高原，佛的影响无处不在，这是一个佛的国度。随处可以看到朝圣的信徒，每走一步便全身伏地，以磕长头的形式，向着他们心中的圣地前进。在拉萨最重要的宗教活动场所——大昭寺，其门前坚硬的石板被朝圣者的躯体磨出了等身长的深槽。如此虔诚的信仰和表达，说明古老的宗教在这片大地上仍保留着强大的生命力。

在几乎全民信教的西藏，佛教教义家喻户晓。藏民一出生就离不开宗教的气氛。婴儿取名要请喇嘛，男女婚嫁之前要请喇嘛。每户人家的屋顶都插有经幡（风马旗）。藏民对喇嘛寺庙及宗教上供奉的一切神物都很虔诚地崇拜。凡遇到寺院、宝塔、玛尼堆等都要按顺时针方向绕行，认为走反了，不仅没有公德，还会有罪过。

西藏宗教主要是藏传佛教。佛教从公元 7 世纪传入吐蕃，掺入了本地固有的宗教"苯教"，历经 1350 多年，在复杂曲折的历史进程中，形成了独具特色的藏传佛教，又称喇嘛教。当时松赞干布为求政权稳定，积极与邻国联姻，在迎娶文成公主之前，已经与尼泊尔尺尊公主联姻。文成公主与尺尊公主各自带了一尊释迦牟尼佛像来西藏，修建了拉萨著名的大、小昭寺，随同前来的佛教僧人开始陆续修建寺庙、翻译佛经。

松赞干布去世后，王室权力之争影响了佛教发展，到其曾孙赤德祖赞时，佛教才又得以兴盛起来。为巩固王室的统治，赤松德赞以佛教为号召，请来印度著名僧人寂护大师和莲花生大师，修建起西藏第一座剃度僧人出家的寺院——桑耶寺，剃度了 7 名贵族子弟出家，开创了西藏佛教史上自行剃度僧人的先河。赤松德赞还派近臣迎请受人尊敬的唐朝大乘和尚摩诃衍僧人到西藏讲经，摩诃衍在西藏传教 11 年，使汉地佛教也在西藏兴盛起来。此后，历任赞普都大力地提倡佛教，兴寺建庙，供养僧人，以僧人参政削弱大臣权势。

王室利用佛教巩固王权，激化了与苯教大臣的矛盾。公元 838 年，苯教徒将国王赤祖德赞谋害，拥戴其兄朗达玛为赞普，掀起一场大规模的灭佛运动。朗达玛灭佛不久，又遭佛教徒暗杀。吐蕃权臣，挟王子自重，互相征战。随后一场奴隶平民大起义又席卷吐蕃，整个社会陷入各个势力割据一方的分裂状态，从此时，被称为"前弘期"的佛教阶段就此结束。

公元 10 世纪初，西藏地区进入封建社会，原割据一方的吐蕃权臣，又积极开展兴佛活动，西藏佛教复兴。不过这时兴起的佛教无论在形式或内容上，都与前弘期的佛教有很大的不同，它在与苯教进行的长达 300 多年斗争中，互相吸收和融合，并随着封建因素的增长，形成既有独特地方色彩，又有深奥佛教哲学思想的地方性佛教。至此，藏传佛教终于形成，进入被佛教称为"后弘期"的阶段。

西藏藏传佛教寺院主要法事活动大体相同，只是因教派之别及寺院大小而存在少许差异，也有一些寺院在念经和祭祀等方面增加了某种特殊内容。自公元 775 年西藏创建第一座佛教寺院桑耶寺开始，寺院就成为主要的礼佛、供佛场地。几乎在每个大小不同的寺院里，天天都举行规模不同的法事活动。有早祷诵经，也有会供法会。适逢藏历每月八日、十日、十五日、二十五日、三十日的药师佛节、空行母节、佛祖节、无量兴佛节之际，都要举行相应的法会。而每年一月十五日的"神变"节、四月的"萨嘎达瓦"节、六月四日的"竹巴次布"节、九月二十二日的"拉帕堆钦"节、十月二十五日的"嘎丹阿曲"、十二月二十九日的"驱鬼仪式"等所举行的法事规模更大，参加人数更多。其中最重要的法事活动即是每年藏历一月三日至二十五日的传召大会，规模之大，内容之繁，可谓藏传佛教法事活动之首。此外寺院根据不同的历史和不同的纪念对象，举行形式各异的法事。

信奉藏传佛教人家的法事活动虽不像寺庙里那样集中，但也贯穿于一家人的日常生活，乃至一个人的一生中。

在一般信教人家中，都设有供物，有的人家还有专门的经堂，经堂内摆有用金、银、铜、香泥不同材料塑造的佛像。有的供有唐卡或纸质佛画像，还有佛龛、供灯、供碗等。每天早晨打完酥油茶后，头一道茶要献在佛龛前，并往供碗里盛新水。有的还每天燃香点灯，有的则在藏历吉日点供灯。遇有家中娶亲、生病、丧事之际，还要请僧人或咒师念经作法事，规模较大者一般请四名僧人，举行会供法会，用糌粑、奶渣、红糖等做会供物——措，一般要做几十块到几百块不等。此时亲朋好友带着哈达、酥油、茶块、羊肉、礼金等前来祝贺。主人要把这些"措"分送给每家每户共同享用。

藏传佛教僧人即喇嘛的生活，也独具特色。根据律经规定，小孩到达能驱走乌鸦的年龄，大约七八岁，方可出家。入寺时家人为孩子剃光头，只留下头顶上的一绺，由堪布亲自为其剃去，从此成为一名出家者。

从剃度到二十岁之间，受沙弥戒。沙弥戒是出家人第一次受的戒，包括不偷盗、不杀生等33戒。授戒时，由于地区的差别规范师（阿梨）的人数不等，但不得少于五位。

比丘戒受戒者必须年满二十岁，且必须受过沙弥戒。受戒时和授沙弥戒一样不得少于五位阿梨参加。比丘戒是佛家大戒，共有253条戒律。

茶是藏族饮食中不可缺少的一部分，在寺院里更是如此。每天早晨，僧人们参加早祷仪式。在领经师的主持下，众僧共同诵经。然后喝酥油茶、吃糌粑。中午僧人聚集在寺院的各所属"扎仓"（僧院）的经堂里，边喝茶边祈祷诵经，形式与早祷相同，但规模较小。到了晚上，僧人们聚在按所属地域划分的小组织"康村"内喝茶祷告，规模更小。藏语称为"康恰"。

在寺院里，施主向僧人施茶粥的情况很普遍。施主在施茶粥的同时把自家需念经文的名称条，递交僧人诵读，以求避邪平安。还有一些佛学造诣很深，已列"格西"之名的学经僧人给全寺僧人布施茶粥。除了施茶粥之外，还有布施钱的。一些家境贫寒的僧人基本上靠各种布施来维持生活。

入寺小僧刚开始要学习藏语文基本知识，同时背诵一些简单的颂词及祷文。有一定文学基础后，始入"曲热"（法苑）学习佛教经典。一般前三年要学习广、中、略三部摄类学（启明因明学），然后依次学习因明、般若、中观、俱舍、律经等五部大论。

从学制上来说，一般有十三级和十五级两种。如拉萨三大寺中

的色拉寺和甘丹寺分为十三级，而哲蚌寺分为十五级。总之，各扎仓（学经院）总体上学程要在十多年至二十余年以上。

学经过程重学习，更重辩经。学员每天到"曲热"，或听上师讲经，或进行辩论。一人立宗，一人攻宗，你问我答，很是热闹。每年冬夏两季，在桑普和热堆两地分别进行辩经活动。学僧通过一系列的诵经、学经、辩经活动之后，熟谙经典。此时方可参加所在寺的各级答辩会，通过考核者可逐渐参加拉萨大法会的辩经。

藏传佛教学位分几个等级，各种学位的总称为格西。其中一级格西叫拉让巴格西，是在拉萨传昭大法会上通过辩论考取的；二级格西叫措让巴格西，是藏历二月传小昭法会考取的；三级格西叫多让巴格西，是在寺院内部进行答辩通过后获取；四级格西林色格西，是在本寺院扎仓内通过答辩者。

如果一个普通僧人想达到最高法座——甘丹赤巴（法台）位置，必须具备已考取拉让巴格西的资格，另外还必须进入拉萨上下密宗院修习密宗，取得密宗"阿让巴"学位，然后担任一年或半年格贵，三年翁则、三年堪布，再转为堪苏。若为上密院的堪苏就等待甘丹寺夏孜法王的位置，若为下密院的堪苏就等待甘丹寺绛孜法王的位置，然后甘丹赤巴这个职位依次由夏孜和绛孜的候补人轮流交替递补担任。任期七年，期满卸任。但达到此位的僧人几乎已到耄耋之年，可见佛学的深奥及获取学位的艰难。

❁第四节　风马旗

藏区各山河路口寺庙民舍等处都可见到印有经文图案成串系于

绳索之上的小旗，这一面面小旗在藏语中称为"隆达"，也有人称之为"祭马"、"禄马"、"经幡"、"祈愿幡"，不过，人们更习惯称它为"风马旗"。因为"隆"在藏语中是风的意思，"达"是马的意思。风马旗亦称为"风马经幡"。"风马"的确切意思是："风是传播、运送印在经幡上的经文远行的工具和手段，是传播运送经文的一种无形的马，马即是风。"藏民族认为雪域藏地的崇山峻岭、大江莽原的守护神是天上的赞神和地上的年神，他们经常骑着风马在雪山、森林、草原、峡谷中巡视，保护雪域部落的安宁祥和，抵御魔怪和邪恶的入侵。这种意识是用经幡上印有一匹背驮象征福禄寿财兴旺的"诺布末巴"（圆锥形火焰图案）行走的马，以及印在经幡上的咒语、经文或祈愿文的图像来表达的。

风马旗，是西藏高原上一道独特的风景，在四川、青海、甘肃、云南的藏族聚居区以及尼泊尔、锡金、不丹、克什米尔等邻邦和地区，人们随处都能见到一串串、一丛丛、一片片以经咒图像木版印于布、麻纱、丝绸和土纸上的各色经幡。这些方形、角形、条形的小旗被有秩序地固定在门首、绳索、族幢、树枝上，在大地与苍穹之间飘荡摇曳，构成了一种连地接天的境界。它同银光闪闪的雪峰、绿毯茵茵的草甸、浩阔茫茫的漠野、金光灿灿的庙宇一样，成为藏区自然和人文环境的一种独有而鲜明的象征。

藏区人民无论喜庆生辰、逢年过节，都要插挂五彩风马旗，象征着天、地、人、畜的和谐吉祥。逐水草而居的牧人，每迁徙一次，搭完帐篷后的第一件事就是系挂风马旗，以祈得周围神灵的许可和福佑。朝圣者结伴跋涉荒漠野岭，也一定扛一面醒目的风马旗，祈求免入迷途遇灾难。江畔湖边人们遍插风马旗，以示对树灵水神的敬畏与供奉。生活于莽林峻岭间的人们高悬风马旗，以示对山神岩神的虔诚与供奉。在圣迹古刹张挂五彩经幡，表示对神佛祖魂和选取哲贤圣的崇拜与礼赞。阳春三月开犁播种，耕牛的头角上一定插挂风马旗，那是向土主地母致敬和祈祷，祈望五谷丰登。山河路口张挂风马旗是希望舟车无碍。天葬台附近张挂风马旗则是超度亡灵寄托哀思……总之，在他们看来，风马旗是沟通世俗与灵界的通用媒介。

甘肃、青海藏区还有在隘口与山顶放飞纸风马旗的习俗。适逢正月，寒风劲吹，纷纷扬扬的风马旗雪片般飘入云端愉悦天神。风马旗还有一项不易见到的功能，即遇有活佛尊者圆寂，家家户户须将房顶上的风马旗置放倾斜，以示致哀。细心的人不难发现，藏族人每每将自己或逝者的手镯、帽子、须发或一团羊毛系于风马旗上，则是希冀能借助其力牵引升腾，而使运气增长，福星高随。

风马旗的来历

和西藏一切有形与无形的艺术一样，风马旗的创作与传播，也首先是受宗教意念驱使并为之服务的，它是僧俗信众精神世界与神灵交通的一种媒介物。关于风马旗的源初，西藏宗教界、学术界虽各有掌故，但公元 12 世纪初许多噶举派寺院为广布其教义而悬挂风马旗，是各家各派都首肯的。

一般认为风马旗源于一种原始祭祀文化，主要由对动物魂灵的崇拜而来。最初的风马旗是直接将羊毛系挂于树枝草丛，如今在大大小小的玛尼堆上仍可看到牛羊头颅等物。藏族原始宗教认为，山神是地方保护神，它无时无刻不在注视着本地区众生的安全，常骑马巡视辖区，保护一方水土和人畜平安。藏族认为，"风马"在深层

意义上指人的气数和运道，或者特指五行；在灵气聚集之处（神山、圣湖等），挂置印有敬畏神灵和祈求护佑等愿望的风马旗，让风吹送，有利于愿望向上苍神灵的传达和实现。为报答山神和上苍神灵，每到祭日，人们便虔诚地举行煨桑仪式，献上"隆达"。所以制作插挂"隆达"成为不可或缺的仪轨。

风马旗的祭祀活动，与其图像象征内涵有关。经幡的中心是一匹骏马，骏马形象是神速的象征。祈愿受五种自然物制约的世间一切事物，由对立转向和睦，由坏转向好，由恶转向善，由凶兆转向吉兆，由厄运转向幸运。不仅能够转变，而且转变得迅速。经幡四角画的四兽图像，老虎栖息在森林中，老虎的形象象征着木或风；狮子居于山上，狮子的形象象征着土；鹏鸟飞翔在天空，双角喷发出火焰，这种形象象征着火；龙生活在大海中，鱼龙的形象象征着水。风无处不在，风即天。在这里没有把森林、高山、大地、天空、河水、大海作为六种自然物直接画上去，而把在这些环境中生活的动物形象作象征，可见它不是仅仅表现六种自然物，而是把它们作为主要内容。而马背上画的那个象征财运的"喷焰末巴"，就是促成实现人们心愿的如意吉祥。除开分别不同的五色象征之外，一般还有一面主幡，形制要大于五种不同单色的经幡。主幡与边镶布条颜色搭配，是根据藏族历算关于母子生克学说中相生原理来决定的，如主幡的颜色是绿色，边镶布条的颜色应该是蓝色，主木水相生。故而经幡象征着生命的本源，具有深奥的意义，整个经幡完全是融情感与理性为一体的产物，完全是表现人们美好精神愿望的载体。

但在最初的实际运用中，风马旗并不是寄托藏人祭祀神灵、祈祥祛难的心愿的，而是军队的标志。根据才情横溢的根敦群佩著作《白史》称：大部分臣民皆为游牧，每户门上都立一根旗矛，这是藏族独有的习俗。此亦最早是军户的标志，后演变成为一种宗教习俗行为。哪怕是一户也要在门上插经幡，一直保持到现在。

风马旗的传说

关于风马旗，有着很多种美丽的传说。最常听到的有两种，一种是：当年佛祖坐在菩提树下，手持经卷闭目思索时，一阵大风刮来，吹走了佛祖手中的经书。它们在风力的作用下，碎成了千万片，被风儿带到世界各地，带到了那些正在遭受苦难的劳苦大众手中。凡是得到佛祖经书碎片的人都得到了幸福。人们为了感谢佛祖的恩赐，便用彩布制成三角形，上面印上经文和佛祖的像，把它挂在风吹得着的地方，以求消灾祈福，祈求平安。

另一个传说是：一个藏族僧人在印度取得真经，回来的路上过河时把经书弄湿了，他把经书全摊开晾晒，自己坐在一棵大树下打坐入定。突然间，天地响起法锣、法号，阵阵梵音回荡，微风拂面，天宇盘旋。僧人感觉浑身通泰，大彻大悟。他微微睁开眼睛，原来一阵风起，刮得经书满天满地满河面。据说人们为了纪念这个僧人的顿悟和颂扬佛经，就把经书印在布上，直接挂于天地之间。那些飘扬在风中的彩旗天长日久便成了如今祈祷用的经幡，人们以此来表达他们对上天的虔诚和敬意。故而风马旗成为藏族民间民俗文化的重要表现形式，亦是藏族苯教与藏传佛教互相融合后文化精神的外化象征。

第五节 玛尼堆

在西藏各地的山间、路口、湖边、江畔，几乎都可以看到一座座以石块和石板垒成的祭坛——玛尼堆，也被称为"神堆"。这些石块和石板上，大都刻有六字真言、慧眼、神像造像、各种吉祥图案，它们也是藏族民间艺术家的杰作。

这些石堆，藏语称"朵帮"，就是垒起来的石头之意。"朵帮"又分为两种类型："阻秽禳灾朵帮"和"镇邪朵帮"。"阻秽禳灾朵帮"大都设在村头寨尾，石堆庞大，而且下大上小呈阶梯状垒砌，石堆内藏有阻止秽恶、禳除灾难、祈祷祥和的经文，并有五谷杂粮、金银珠宝及枪支刀矛。而"镇邪朵帮"大都设在路旁、湖边、十字路口等处，石堆规模较小，形状呈圆锥形，没有阶梯，石堆内藏有镇邪咒文，也藏有枪支刀矛。

在藏传佛教地区，人们把石头视为有生命、有灵性的东西。刻有佛像及佛教经文的"玛尼石"，并没有统一的规格和形状，制作者用不着刻意选择，捡着什么石头就在上面刻画，经文多为六字真言和咒语。

玛尼堆最初称"曼扎"，意为"曼陀罗"，是由大小不等的石头集垒起来的、具有灵气的石堆，藏语为"多本"；还有一种是在石块或卵石上刻写文字、图像，以藏传佛教的色彩和内容为其最大特征，有佛尊、动物保护神和永远念不完的六字真言，然后堆积起来成为一道长长的墙垣，这种玛尼墙藏语称"绵当"。每逢吉日良辰，人们一边煨桑，一边往玛尼堆上添加石子，并神圣地用额头碰它，口中默诵祈祷词，然后丢向石堆。天长地久，一座座玛尼堆拔地而起，愈垒愈高。每颗石子都凝结信徒们发自内心的祈愿。玛尼石的产生，使这些自然的石头开始形象化。藏族在漫长的历史进程中，涌现出了浩如烟海的玛尼石刻品，凡人迹所至，随处可见，它是藏族刻在石头上的追求、理想、感情和希望。

"玛尼石堆"之谜

通天河从青藏高原的腹地奔涌而下，两岸是唐古拉山脉、巴颜喀拉山脉连绵的雪峰。在两岸的峰岭、草滩之间，有片石堆星罗棋布。片石大小不等，石堆高低不一，每块片石的光滑面上，都刻有字迹工整的古印度文佛经经文，这就是青藏高原上著名的"玛尼石堆"之谜。

相传，唐僧取经时，过通天河，得巨龟相助。巨龟托唐僧到西天如来那儿打听一下，它什么时候可修成正果。可是，唐僧到西天后，忙于取经，忘记咨询巨龟成仙之事。取经回来，又过通天河时，巨龟再驮唐僧师徒过河，行至河中间，询问相托之事，唐僧如实相告，巨龟一气之下，沉入水底。唐僧师徒落水，佛经尽湿。师徒捞起佛经，放在河边岩石上晾晒。快干之时，一阵狂风吹来，佛经满天漫飞，师徒紧拦慢抓，仍有大量佛经散落在通天河两岸。散落的佛经，就变成了现在的玛尼石。藏民信奉佛教，便将这些玛尼石搜集成堆，组成了星罗棋布的玛尼石堆景观。还有一种说法：玛尼石是唐僧师徒的晒经石，湿了的佛经放在石板上晾晒时，佛经文字印在石板上形成的。

传说毕竟是传说，而玛尼石上的佛经文却是人们用锤、斧、刀、凿一笔一画，在坚硬的片石上凿刻出来的。没人统计过，青藏高原上的玛尼石有多少块，就其分布其广来看，恐怕是一个天文数字。这么浩瀚的工程量，恐怕不会小于尼罗河畔的金字塔。它起源于何年何月，何人组织完成，无从考证。但这肯定是藏族先人给后人留下来的宝贵遗产。不难想象，在这海拔 4000～5000 千米的荒原，人迹稀少，刻出这么多佛经文的玛尼石，又把它们散布到高原的山山岭岭，要付出多少艰辛，克服多少困难！

"世间第一玛尼堆"——嘉那玛尼

地处青海玉树藏族自治州结古镇新寨村的"嘉那玛尼"，堪称是青海著名的玛尼石堆之一。

"嘉那玛尼堆"由结古寺第一世嘉那活佛木札佐盖的倡导下始建于 18 世纪末。第一世嘉那活佛是今西藏昌都专区囊同地方人，青年时期曾去内地的峨眉山、五台山等地云游 20 多年，晚年回到结古寺。因其精通汉藏语文，佛学知识渊博，穿汉地僧人服饰，被当地的僧俗民众尊称为"嘉那朱古"，意为"汉活佛"。嘉那活佛多才多艺，精于建筑设计，曾与结古寺大堪布巴德秋君共同设计建造了著名的结古寺大经堂；独创了称为"多昂曲卓"的舞蹈 100 多种，现今流行在玉树地区的"卓舞"多源于此。他晚年定居于新寨村，并建新寨玛尼堆，世称"嘉那玛尼"。

嘉那玛尼堆经 200 多年信徒们不断镌刻、垒加，如今玛尼堆就变得越来越大，它东西长 275 米，南北宽 74～82 米，高 4 米，占地 2 万余平方米，体积达近 9 万立方米，整个玛尼石堆共由 25 亿多块玛尼石砌成，因此有"世间第一玛尼堆"之称，其规模之大，数量之多，堆垒之壮观，表现形式之独特，实属罕见。嘉那玛尼堆是青海省乃至全国十分重要的石刻文物遗存，具有很高的文物价值和旅游价值。1998年12月被青海省政府公布为第六批省级文物保护单位，2006年5月被国务院公布为第六批全国重点文物保护单位。

第六节　哈达

"哈达"一词，发音上贴近藏语"卡达尔"，蒙古语称"哈达噶"。它是一种特制的丝织物或麻织物，长度通常为2米左右，宽度不等，上面绣有"云林"、"八宝"等民间花纹图案。按质料来分，哈达分为三种：普通品为棉纺织品，称为"素喜"，不到1米长；中档品为一般丝织品，称为"阿喜"，约有2米长；对政治、宗教界高级人物使用的高级丝织品，是档次最高的一种，称为"浪翠"，有3米多长。按颜色来分，哈达可分为两种：一种是象征纯洁、吉利的白色哈达；一种是五彩哈达，颜色为蓝、白、黄、绿、红。蓝色表示蓝天，白色是白云，绿色是江河水，红色是空间护法神，黄色象征大地。

哈达以白色为多。在青藏高原、内蒙古草原上，白色是最为常见的颜色：漫长冬季的茫茫雪原、用青稞磨出的面、骑的白马、放养的羊群、挤的牛奶、羊奶等。自古以来，藏族、蒙古族等少数民族就认为白色象征着纯洁、美好、吉祥和善良，人们珍视洁白的颜色。雪域高原的房屋墙壁上刷白灰；逢年过节时住宅的门楣、门帘、

家具上用青稞面点白点或划白线，用白粉撒出各种吉祥图案；为茶壶、盛酒器皿系上哈达或羊毛；甚至人们在自己的衣领上也用糌粑点上一圈白点。在交通要道的山口、路口石堆的顶端置以白色石头；煨桑时，也要撒上雪白的糌粑。在《格萨尔王传》以及民间故事中，以白人、白马、白云、白鹤等白色之物象征善良。同时，还赋予珠穆朗玛峰神奇的赞美，说山峰间环绕着一条长长的洁白的哈达。在藏传佛教寺院的铜饰门环上，经常可以看到系着数条白色的哈达，伴着叮咚作响的檐铃随风飘舞着。春天到来时，农家又将哈达系于农具之上进行耕作，祈愿五谷丰登。而彩色的哈达是献给活佛或近亲时做阿西（彩箭）用的，为最隆重的礼物。佛教教义解释五彩哈达是菩萨的服装，所以，它只在特定情况下才用。

在藏族地区，献哈达是一种既普遍又崇高的礼节。无论婚丧嫁娶、民俗节庆、拜会尊长、迎送宾客、朝觐佛像、音讯往来、求情办事以及新房竣工、认错请罪等都有献哈达的习惯。献哈达是对对方表示纯洁、诚心、忠诚和尊敬的意思。当然在不同情况下代表着不同的意义。如佳节之日人们互献哈达，表示祝贺节日愉快、生活幸福、身体健康；男女求婚时，先由中间人献哈达，如接受哈达则表示可以议婚，退回则为拒绝之意；婚礼上呈献哈达，意为恭贺新喜，祝愿新婚夫妇恩爱如山，白头偕老；迎送宾客时奉献哈达，表示对远方来客的热烈迎送和崇高的敬意；葬礼上献哈达，表示对死者的沉痛哀悼和对死者家属的安慰；佛法会上，向喇嘛和活佛敬献哈达，表示对喇嘛活佛的无限敬仰和信教的一片虔诚之心；到神佛前祈祷时献哈达，以示信佛者的虔诚和希望菩萨保佑，万事如意；在书信来往中，附上一条哈达，表示写信者感情的真诚和意愿的庄重；将钱物包在哈达里赠给演员，表示观众真诚的心意；拜会尊长敬献哈达，表示对尊长的敬重，祝愿幸福、长寿、吉祥如意；向对手献哈达表示想化干戈为玉帛，重归于好。

献哈达是一种文明与礼貌的表现，因此十分讲究。献哈达者应将哈达对叠再对折成四幅双楞，把双楞一边整齐地对着被献者，躬身俯首，双手奉献，表示恭敬。被献者也必须弯腰俯首，双手承接，表示回敬。切忌用一只手相送或一只手受礼。献哈达的方式也有许多区别：下级向上级，晚辈向长辈，或向活佛献哈达，应躬身低头，双手举哈达呈上或放在座位前的桌子上面或脚下，对方并不回赠哈达。这时的哈达，表示敬意和感谢；同辈平级献哈达，表示友好，应该献在对方手上，对方回赠哈达；上级对下级，长辈给晚辈赠哈达，表示亲切关怀和慈祥的爱意，可直接将哈达挂在对方颈上；如果是喜庆典礼，主人往往将所献哈达回赠给献者，并绕在他的脖子上；他人为自己献哈达时，应将身体微微前倾，恭敬地双手接过，然后绕过头顶挂在自己颈上，以示谢意。

藏族地区，借债、请愿或请求帮助，也同样敬哈达，不应允则将哈达当面退回，有时请求者坚持呈上，往复多次，再不接受，说明请求者的愿望绝无实现的可能。不少地方，还有给建筑物、器皿、桥梁、牛皮筏等献哈达的习惯。新的建筑落成、新的器皿做好，都要举行某种仪式，并给其系上哈达表示祝贺。举行春耕仪式时，牛角上系哈达，祝福新的一年获得好收成。在结婚典礼上，新娘进门时，送亲者要给男方的大门、楼梯、房柱、厨房、羊毛垫、佛龛等敬献哈达，以示吉利和平安。

献哈达是藏族人民优良的传统习惯，世世代代人们都把献哈达看成是至高无上的礼仪。"哈达有价情无价"，它虽无黄金贵重，但却比黄金更加受到人们的崇敬。因为它象征着一片金子般的心，代表着最真诚的感情，寄托着最美好的祝愿，标志着最崇高的敬意。

第七节 丰富多彩的各种节日

雪域高原有许许多多的传统节日，伴随着这些节日又有各种美丽的传说和历史掌故，它们使这片世界最高的土地变得更加神奇瑰丽，更加引人入胜。

隆重而热烈的藏历新年

从藏历十二月开始，家家户户便忙着过年了。宅院门墙粉刷一新，神龛桌柜擦得干干净净。房梁用糌粑画很多白点，表示人寿粮丰。厨房墙壁上画几只大蝎子，据说它们是灶神的化身。最讲究的还是制作神佛像前的供品"堆嘎"和"琪玛"。"堆嘎"是由形状不同的油炸面食垒起的供品；"琪玛"是木制彩斗，内盛糌粑、麦粒，上插染色青稞穗、鸡冠花、日月牌。两侧再摆上彩塑羊头、藏红花水和绿茵茵的青稞苗，于是满室充盈着吉祥、欢乐的春天的气息。

这天晚上吃的面疙瘩与平日的不同，它用面粉做成很多种不同的形状，一些面疙瘩中间分别包着9种象征物。全家或一个院落的人按长幼次序围成一圈，由一主妇掌勺舀进各人面前的碗里，谁吃到什么要赶紧报告，以引起全场的欢呼或嘲笑。吃出小白石的意味着心地纯洁；吃出白羊毛的意味着心性温和；吃出辣椒的意味心直口快；吃出豌豆意味办事机灵；吃出盐粒者被嘲笑为好吃懒做；吃到一个大肚子怪物的当场要受罚，让他（她）装猫叫、装狗叫，出种种洋相。这是一种占卜，又是一种娱乐，宴会总是在欢笑和戏谑中结束。

吃完面疙瘩便去赶鬼，整个西藏都有这种习俗。场院里，用石头垒成堆，那是鬼的"宝座"。人们把吃剩的面疙瘩还有事前擦过身体的糌粑团，倒在石堆前的破盆里。过了片刻，家里的男人点燃火把，高喊："鬼啊！你吃也吃了！喝也喝了！该离开了！"于是一脚踢翻石头，女主人端起陶盆往外跑，把它们送到荒郊旷野去。在拉萨，这种场面是非常热闹壮观的，大街小巷都有端着鬼食盆在前奔跑的人，更多的人则高举熊熊燃烧的火把紧随其后，奔跑声、呼喊声此起彼落，如同一场人鬼大战正在激烈进行。最后大家汇聚到冲赛康广场，成堆的青稞秸在这时燃起冲天的烈焰，人们摔破陶盆，也就是砸了鬼的"饭碗"，围着火堆兴奋地歌舞，因为赶鬼的任务顺利完成了。

除夕之夜人们很少睡觉，黎明之前家家主妇踏着星光去背回一桶水，这是非常神圣的时刻。传说大地之王辛丹曲杰正脚踏雪山，将甘露般的雪狮奶汁倾倒在江河源头，只有起得最早或最勤劳的妇人才能获得这种使人健康长寿的神秘汁液。这些圣水除了被添进银盅敬祀神佛外，还用来熬"滚颠"粥。滚颠粥是用青稞酒、红糖、奶渣及少量糌粑制成的羹状食品。每个人吃一碗"滚颠"和一碗用大米、人参果、酥油、白糖蒸煮的"卓玛折丝"，穿上最新的衣服，戴上最好的首饰，迎接新年第一道曙光。

大年初一不出门拜年，家家户户派出两个人，一个人捧"琪玛"五谷斗，一个人提青稞酒壶，挨家挨户祝贺新年。亲朋邻里在门口相聚，互相从对方的"琪玛"里抓一撮糌粑、几粒青稞，先在口中尝尝，再抛到空中表示祭奠三界神龙，然后赠送新年吉祥话：吉祥如意、富裕美满、健康长寿、幸福永在。接着是敬酒，先喝三口，再干一杯。随着太阳的升高，祝福次数的递增，喝的酒愈来愈多，最后满街的人携手共舞，举杯同歌，直至红日西沉，夜黑一片，才互相携扶，歌舞着归去。

藏历正月初三，全西藏的居民都要更换经幡。拉萨人先登上自家屋顶，举行更换经幡的仪式。所有高高低低的屋顶，都焚起袅袅青烟，飘展五色神幡，传播着祈神的呼喊，蔚为壮观。随后，人们成群结队到拉萨河边插经旗，到东郊的奔巴日峰、西郊的药王山挂"风马"。"风马"中心绘着驮宝的马；四边刻绘狮、虎、龙、鹏；背面标明挂幡人的属相。据说幡挂得愈高，他的命运愈好！

迎鸟节

鸟是藏族人民心目中的吉祥物、幸福物，是藏族人民神灵圣物的代表。藏族人民十分崇拜鸟。苯教著作中《黑头矮子的起源》认为世界最早是空的，后来有了两仪，凶险作母，明亮作父，此后从露珠中产生一湖，湖中的一个卵孵出一光亮一黑暗两只鸟，两只鸟相配生了白、黑、花三个卵，从而繁衍出神和人类。

鸟被藏族先民视为重要的膜拜和敬仰的对象之一，在鸟的身上交织着藏族人民复杂的感情，反映了藏族社会的起伏与跌宕。后来他们在虔诚的原始信仰中，发现鸟的时间性、季节性十分强，十分有规律，于是出现了鸟与时令挂钩。同时在上千年的年复一年，日复一日的鸟日计算中，他们为了感谢鸟在农牧业生产方面的贡献，在信仰心理驱使下，产生了迎鸟节。

青少年走遍中国丛书

今西藏山南地区乃东县泽当区，有一座古庙叫恰萨拉康，译成汉文意思是鸟地庙。据调查，这座庙在1996年前还保存完好。1959年前，该庙仍归乃东宗管，并在藏历每年三月中旬（公历五月初），西藏地方政府要从拉萨派两名僧俗官员前往该庙，迎接鸟王杜鹃鸟的飞来，在该庙的属地林卡里举行迎接仪式。举行迎请仪式时，在几个供盘里分别放置着西藏自产的青稞、小麦、豌豆等谷类，以表欢庆。这种节日仪式，要待到在树林里始见杜鹃鸟，听到杜鹃鸟叫声后，才能结束。

另外，热振寺在每年藏历四月十五日也举行迎鸟节。此节日在热振寺叫杜鹃供奉日，僧人达百余人，敬献供品若干，并且还要举行隆重的宗教跳神活动，以求赐福。

原始崇拜中的箭节

藏族先民自古以来就生息、繁衍在青藏高原上，长期的游牧生活和狩猎实践，决定了他们对箭的酷爱与嗜好。正是这样，藏族民众代代相袭地供奉它、祭祀它、膜拜它，其形式之多，花样之新，风格之古，真是五花八门。正是在这种古朴神奇、虔诚敬仰的文化烟云下诞生了藏族的射箭节、插箭节等民族、地域色彩浓郁的节日文化。

射 箭 节

射箭是云南德钦藏族群众喜爱的体育运动之一，几乎在所有的传统节日中都要举行这项活动，并且在每年农历四月份，他们还要专门办射箭节，藏语叫"达久罗色"。

射箭节开始时，先要举行分箭和迎箭仪式。比赛中，每人每轮可射一对箭，无力射箭的老人或幼儿，可由自己家中的男子代射，以每组中靶者和多少决定胜负。此后又重新分组比赛，每天比赛约3～5轮。夜幕降临，妇女们就到靶场敬酒，为射箭者祝福。这时草坪上升起篝火，人们一边喝酒，一边跳起"锅庄"舞，完全沉浸在一片欢乐之中。

插 箭 节

插箭节是安多藏区的传统节日。每年农历六月十五日，安多藏区有插箭祭神山的传统习俗。每个村寨各有自己的固定神山，也有几个村寨共祭一山的。

插箭敬山习俗源远流长。著名藏族史诗《格萨尔王传》里也有详细记载。古代藏族牧区部落战争极为频繁，有战争必有死亡。亲友们为了减少死亡，每当出阵或迎战其他部落的掠袭时，都要举行盛大的插箭仪式，以求吉星高照，武运亨通，凯旋而归。这种以求战争胜利的习俗现在已演变成为民间习俗，成为牧区聚会、开展娱乐活动的一个节日。

绚丽多彩的林卡节

拉萨海拔 3650 米，年平均温度只有摄氏 6℃～7℃度，冬天酷冷，春天多风，只有夏天是美丽的、迷人的，充满诱人的景色。阳光明亮，微风轻拂，河水清澈，被称为"林卡"的园林绿成一团团翡翠，草地上开满星星点点的邦锦花。酷爱户外生活的藏人，纷纷进入拉萨河边的林卡游乐避暑，称为"玩林卡"，又叫"林卡节"。

按传统的说法，林卡节从藏历四月十五日的萨噶达瓦节算起，五月十五日的世界焚香节到七月一日的雪顿节期间为高潮，到八月上旬的沐浴节，便是尾声了。林卡节的活动内容非常丰富，总的来看离不开两个主题：敬神和娱乐。

林卡里的欢愉

拉萨称为日光城，太阳光的紫外线非常强烈，夏日郊游的人，都追求一片绿色的荫凉。日光城的居民非常重视林卡的培植，珍惜土地上的绿色。城里城外几十座林卡，大都有其悠久的传统和美丽的传说。近年随着城市建设的拓展与社会的变革，有些林卡往往被新型的建筑物所替代。拉萨市政当局便在拉萨周围新辟了一些林卡，使市民长盛不衰的夏日游乐传统得以保持。特别值得一提的是，在拉萨河大桥往下不远处的拉萨河上，有一处新开发的园林胜地——仙足岛，每到周末和节假日，成群结队的拉萨市民便带上食品和饮料，在欢声笑语中度过他们的一天。

西藏的节日多，而每当节日到来时，便会看到身着盛装的拉萨人，源源不断地从城里涌向郊区的林卡，大路小路全是彩色的人潮。家家户户早已在林卡里搭好了帐篷，大都是白色的，绣着蓝色的吉祥图案，朴素而美观。还有的人家就用帐围围出一个小小的环境。帐围颜色很鲜艳，五颜六色，美不胜收。人们在帐篷或帐围里，架起炉灶，安起桌椅，铺上藏垫，摆出各种点心、菜肴、饮料，夜以继日地唱歌、跳舞、打藏牌、掷骰子、讲故事、玩游戏、请客欢宴、喝酒狂欢，有时还观看电影、文艺节目和藏戏，进行传统体育、射箭、竞技比赛。

到龙王潭划牛皮船

　　藏历四月十五萨嘎达瓦节，是林卡游乐之始。四月十五日这一天，拉萨人早早起来转经，围绕大昭寺的内、中、外3条转经路，人潮一波接一波地向前涌动，各种转经筒在初夏的阳光里反射出千万道弧光，诵念六字真经的声音轰鸣于整个圣城。漫漫转经路上，到处烟云缭绕，彩旗飞飘，两旁有刻玛尼石的，有印刷经咒的，有出售小泥佛的，有说唱宗教故事的，还有人用绳子拴着经石在水面起起落落。初来拉萨的观光客，以为他们在钓鱼，其实是在每片水波上印刷经文以表达对佛的虔诚。

　　转经的人潮，最后汇聚在布达拉宫北面的龙王潭林卡。这里有一个美丽的小湖，湖心岛上有一座龙女庙，供奉着西藏最著名的龙女墨竹色青。传说她的家在拉萨东面的司普牧场，蓝得发绿的色青朗措湖是她的栖息之所。她是非常古老的神祇，掌管整个拉萨河谷的阴晴云雨和庄稼草木。每年这个日子，拉萨人要向她奉献哈达、酥油灯等施食供品，并且到龙王潭里划牛皮船，高唱赞颂龙女的古老歌曲。

五月十五焚香节

　　藏历五月，是林卡里最妙最舒服的季节。这个月的十五日，称为"卓林吉桑"，意思是"南瞻部洲焚香祭祀诸神的美好日子"。

　　这天拉萨的居民身着盛装，到大昭寺和其他寺庙楼顶祈祷，到附近山头、河岸高处烧香。拉萨城东的法瓶山、城西的药王山，高高的岩峰耸立云天。每逢焚香日，男男女女登上峰顶，煨烧扁柏、杜松、冬青、柏枝，再撒上些糌粑、盐粒、青稞酒，巨大的烟堆腾

青少年走遍中国丛书

起浓浓的白雾，弥漫于湛蓝而广袤的天宇，香气散溢于四面八方，神幡在劲风中五彩缤纷，扬散的糌粑遮天蔽日，几乎淹没了整个日光城，很多声音都在对神呼喊，祈求赐予人类幸福和繁荣。

六月四转山会

藏历六月初四，称为珠巴次西节，是佛祖释迦牟尼在印度野鹿苑大转法轮宣讲四谛的日子。拉萨人纪念这个圣日的方法别开生面。男男女女，相邀结伴，带上茶酒饮食，到郊野的山寺去踏青、朝佛。很多人经色拉寺进入娘热山沟，登上岩坡转扎西曲令寺，然后沿着长满红果树和刺柴的羊肠小路到达藏文的发祥地——帕崩岗古庙。该寺庙建筑在一块巨大的龟形石上，相传吐蕃大臣吞米·桑布扎在这座建筑里创造了藏文，藏王松赞干布在此闭门研习三年，并在门外石头上写下了"嗡、嘛、呢、叭、咪、哞"六字大明咒。人们这样走着、转着，青年男女还在节日里幽会。待到太阳西下，拉萨河谷暮色苍茫时，他们也累了、醉了，头上戴满野花，胸前挂着红果串，才载歌载舞，尽兴而归。有人称"珠巴次西"为转山节，确有道理。

雪顿节看藏戏

到了藏历七月一日，要在罗布林卡欢度雪顿节。"雪"即酸奶；"顿"为奉献。"雪顿节"，可以解释为"奉献酸奶的节日"。它起源于拉萨西郊的哲蚌寺。每年藏历六月十五到七月三十日，该寺7700位僧人都按教规在寺内坐夏，不能随意外出，以免踏死孵出不久的幼虫。"坐夏"期间，寺庙的施主便来奉送酸奶表示慰问和祝福。五世达赖驻哲蚌寺时，许多藏戏团体还赶来为僧人演出；曲水地方的

协荣村民用牦牛歌舞，表演五世达赖从他的故乡琼结到拉萨坐床的故事。这样便形成了一个固定的节日，一个奉献酸奶和表演藏戏的节日。节日期间，拉萨市附近的藏族人民三五成群，老少相携，背着各色包袱，手提青稞酒桶，涌入罗布林卡内。表演节目的除了西藏本地的藏戏剧团外，还有青海、甘肃、四川、云南等省的藏戏剧团来到圣城拉萨切磋戏艺。人们除了观看藏戏外，还在树荫下搭起色彩斑斓的帐篷，在地上铺上卡垫、地毯，摆上果酒、菜肴等节日食品。有的边谈边饮，有的边舞边唱，许多文艺团体也来表演民族歌舞，以此助兴。

美妙的沐浴节

沐浴节，藏语为"嘎玛日吉"，意为洗澡。每年藏历七月六日至十二日举行。在这些日子里，从五六岁的小孩到七八十岁的老人都要下河去洗澡。节日期间，无论城镇还是乡村，农村还是牧场，人们携带帐篷和酥油茶、青稞酒、糌粑等食品，纷纷来到拉萨河畔、雅鲁藏布江边，来到青藏高原千江万湖之旁争相下水，尽情在水中嬉戏、游泳，洗净身子后，又把带来的藏被、藏装浸在水中洗涮一新。

如果七月上旬来到拉萨，便会发现当一颗名叫"日岜"的星星闪烁的时候，人们都在兴奋地传告一个消息：一年一度的沐浴节又来临了。

传说"日岜"星是药王的化身。星光照到山上，野草都成药草；星光照到水中，河水都成药水。星星出现七个夜晚，之后便消失得无影无踪，要等到第二年又与拉萨人见面。在日岜星闪耀的七个夜晚，拉萨圣城的居民便掀起了洗浴的热潮。每当美丽神秘的夜色在拉萨河谷降临，东起噶玛滚沙湖，南到长达数千米的拉萨河滩，北至色拉寺下的彩虹泉，到处都有男男女女在夜浴。他们的躯体浸泡在柔如丝绸、蓝如碧玉般的秋水中，感到无限的清爽与快意。岸上有他们烧起的火煨着浓香的茶、肥美的肉。星光月色映着点点灯光、团团火堆，使人仿佛置身在神仙的世界里。初秋的夜浴有很多好处：藏历七月上旬，这时青藏高原的水，按佛法说，具有八大优点，即一甘、二凉、三软、四轻、五清、六不臭、七饮不损喉、八喝不伤腹。因此七月份是沐浴节的最佳时间。

庄严肃穆的宗教节日

传召大法会

每年藏历元月初四到二十五日，是规模盛大的传召大法会，届时拉萨三大寺的僧人数万人聚集大昭寺，举行丰富多彩的宗教法事活动。传召大法会始于 1409 年，当时藏传佛教格鲁派祖师宗喀巴为纪念释迦牟尼佛以神变之法大败六种外道的功德，召集各寺庙僧众在大昭寺举行法会 15 天。五世达赖执政以后，扩大了规模，延长了时间。"文革"一度停止，1985 年以后又恢复举行。

每天 6 次诵经会

祈祷诵经是传召的主体活动，每天进行 6 次。早祷、午祷和晚祷为湿经，诵经时有小喇嘛怀抱茶壶或粥桶定时出场，替僧众倒茶或添肉粥。上午、下午、晚间 3 次集会称干经，没有茶水和食品供应，集会主要进行佛教哲理辩论。被称为"翁则钦波"的领经师是这些集会的总指挥，成千上万的僧人在他的率领下用训练有素的胸音低吟高诵，声音像大海的波涛汹涌澎湃，具有一种动人心魄的神秘力量。

公开辩论考格西

传召大法会最引人观注的项目，是大昭寺南侧"松曲热"广场进行的考格西公开辩论。格西是藏传佛教格鲁派的最高学位，每年由三大寺提名 16 人入围，传召法会上通过公开辩论排定名次。辩论由甘丹寺法台主持，各大寺庙方丈参加。在场所有的僧人，都可以轮流向被考人发难，和他论辩经学，这种辩论声音抑扬顿挫很有音乐感，辅之以击掌、喊叫、不停地比划，更有长串的念珠随着手势飞舞，构成非常精彩的场面。

十五之夜的酥油灯彩霞

藏历正月十五日传召大法会进入高潮，当天晚上八廓街有展示酥油彩塑的灯会。这是西藏传统的宗教艺术，制作方法有点像北京的面塑，匠师把酥油和面粉揉和一起，掺和各种色粉调匀，在牛皮上捏塑出各种神话传说中的人物和花草、鸟兽，然后把这些牛皮组装在环绕八廓街的大大小小的木架上。当夜幕降临拉萨的时候，木架下面数千盏酥油灯一齐亮了起来，映照出千姿百态、栩栩如生的酥油彩塑，古老的八廓街顿时变成了美丽而神幻的世界。市民们成群结队地在每一座灯彩前流连观赏，佛教徒虔诚地顶礼膜拜，如同进入了西天极乐世界。拉萨附近的农民要在这里比歌赛舞，从天黑一直跳到天明。

强巴佛巡行八廓街

藏历正月二十四日在大昭寺西南的鲁布广场，举行具有浓烈战斗色彩的驱邪送鬼仪式。僧人和百姓燃放火枪，高声呼啸，惊天动地，表示驱逐魔障，藏地清澄吉祥。接着二十五日，僧人们抬出大

青少年走遍中国丛书

昭寺的强巴佛像，由无数信徒香客簇拥着绕八廓街缓缓巡行一周。强巴佛又称弥勒佛，是继释迦牟尼佛后主宰众生的救主。他的巡行，意味着佛光普照雪域，传召大法会圆满结束。

以往，正月二十六日要在布达拉宫后的拉鲁地方举行赛马，称为"宗久香白"；二十七日接着比赛射箭，称为"朗达"。这些都是传召法会的余兴活动。

布达拉宫跳神节

每年藏历十二月二十九日，拉萨的布达拉宫有一次规模盛大的跳神节，此时的拉萨市民大都扶老携幼，全家出动。据说这个跳神节的意义与拉萨市民的驱鬼节是相同的，其义在驱除魔鬼，预祝来年吉祥如意。

桑耶寺金刚神舞大会

藏历正月初十，桑耶寺要过"次久"（初十）节。这天黎明，寺庙的喇嘛和周围的民众都要爬上屋顶向东边眺望。传说莲花生大师在这个黎明要骑着太阳的金光重返人间。接下来，喇嘛舞师跳起了"次久"金刚神舞，欢庆莲花生大师重返人间的盛举。神舞中，莲花生大师、藏王赤松德赞和大堪布菩提萨的扮演者，将戴着酷似这三位大人物的面具登上舞台。莲花生的八个化身，藏语称"古如参结"，也将在演出中欢乐起舞。到藏历五月中旬，还要举行更为精彩的神舞表演，称为"堆顿曲巴"，意即"经藏供佛"。五月十四、十五两天，跳桑耶寺护法大神白哈尔和他的辅助神则玛日魔王神舞。他们的眷属100名巫师、100名比丘、100名魔女、100名金甲武士登场，时而风车般旋转，时而狂涛般叫啸，把人看得眼花缭乱，兴奋不已。藏历五月十六日跳"次久"神舞，五月十七日又跳白哈尔和则玛日神舞，还要把大殿里的白哈尔神像请出，众人抬着围绕桑耶寺主楼转三圈，然后归位。

五月十八日，由寺庙周围的百姓表演摔跤、赛马、举石头、射箭、跳圈舞和打鼓舞。前几日的神舞是喇嘛演，百姓看。而这一天则是百姓们表演，喇嘛们看热闹。节日期间，信徒香客和来自内地、国外的游人，往往到附近的青浦洞窟群顶礼膜拜——深山峡谷有僧尼闭修的禅洞以及奇特的风光。另外，10 天的桑耶寺庙会，也非常热闹，吸引了无数商人和香客前往。

煨桑节

煨桑节在藏语中是燔祭战神的意思，为古代藏族部落一年一度的重大庆典，一般在夏季五六月举行。节日前两天，由本部落的苯教师（现多为佛教持咒师）集会诵经，向战神，即山神献祭祈祷，并将一个象征魔鬼和敌人的草人缚在一个特制的木架上，向其诵咒，勾来其灵魂，禁锢在草人上。第三天，本部落男女成员齐集，举行盛大的煨桑仪式，给"鄂博"（象征战神依附之体）添上新的木制矛、箭和旗幡，祈请战神降临。然后将草人送往选定的方向和地点，诵毙命咒，群众向草人射箭，放枪，助威呐喊，将草人焚烧，这时众人齐呼"神胜了"的口号。然后进行赛马，表演武艺，有的地方还要演唱《格萨尔王传》史诗或本部落的历史。部落成员聚餐，然后散去。这一节日在现今青海果洛地区的部落中还保留着。

热振寺转神魂磐石

拉萨西 200 千米处的热振寺，既是藏传佛教噶当派的根本道场，又是西藏最著名的活佛热振呼图克图驻锡之地，这里自古形成了整套独具特色的宗教节日。藏历正月十五是鸟月金刚神舞，四月十五日是布谷鸟供佛节，七月十五日是鲜花供佛节。每逢羊年七月十五日要举行"帕崩唐廓"，即转神魂磐石的大型宗教活动。

热振寺西面的旷原上，有几百块形状奇特的巨石，佛教徒相信它们是秘密智慧空行母的宫殿。特别是藏历羊年，有十万个空行母在这时聚会，信徒香客如果沿巨石绕行并且不断念胜乐金刚咒，便有可能得到智慧空行母的指点，进入称为"乌仗那"的美好世界。这种说法对人们有很大的吸引力，1991 年"帕崩唐廓"节来这里转巨石的人达两万多人，平日相当空寂的山沟一夜之间成了繁华的闹市。节日期间热振寺喇嘛和附近的民众也要表演各种歌舞竞技活动，这座寺庙金刚神舞也非常有名。

萨迦寺秋季法会和冬季法会

被称为西藏敦煌的萨迦寺，宗教节日都非常古老和庄严。藏历五月有祈雨的节日，七月称为秋季大法会，喇嘛舞蹈家跳古老的金刚橛神舞，这种舞蹈气势很盛，开场仪式便有 150 名戴各种动物面具的演员旋转和跳跃。藏历十一月二十三到二十九日，称为冬季大法会，主要内容仍然是神舞表演。萨迦寺三尊护法大神，都要由僧人扮演出场。他们肩架护法神的骨架，再戴一米多长的巨型狰狞面具，足足有一层楼那么高，这是萨迦神舞最吸引人的部分。数百名身穿盔甲、手执刀矛的武士，表演舞刀、射箭、打火枪等技艺，以纪念这个教派 700 年前统治整个西藏的光荣。这些武士都是当地百姓扮演的。

秀绒河畔止贡梯寺的节日

拉萨河支流秀绒河两岸的止贡山沟是藏传佛教止贡噶举派的发源地。这里按藏文字母排列有 30 座大小寺庙，在岁月的沧桑中有的已经沦为废墟，但一些主要的寺庙仍然存在，并且保持着传统节日活动。藏历二月底，止贡山沟还是春寒料峭、残雪未消，止贡噶举派根本道场止贡寺的僧人，已经为三月金刚神舞夜以继日地诵经念咒。僧人用糌粑做一个人形怪物，称为"凌嘎"，不断地对它诵念咒经。藏历三月二十八、二十九两天，正式演出止贡金刚神舞。并将"积嘎"砍成碎块，用火烧毁，表示教敌与邪魔均被斩除。藏历四月初十到十五日，是羊尔岗寺的噶结节，僧人跳以宁玛派 8 位神祇为主角的噶结神舞。噶结节还有一个重要内容，叫做"波瓦"。止贡活佛用长寿法瓶碰触每个信徒的头顶，据说这样可以保证他的灵魂不入地狱。

扎什伦布宗教艺术大表演

作为格鲁派四大道场之一的闫喀则扎什伦布寺，在后藏地区形成了一个独特的宗教文化环境，在这里，宗教节日极多，最有代表性的是藏历五月的展佛节和八月的西莫青波节。西莫青波，意为宗教艺术大表演。

每年藏历五月十四到十六日，是一年一度的展佛节。展佛台矗立在扎什伦布寺北面的尼玛山腰，高 32 米，底长 42.5 米，是日喀则城里最高的建筑物。按惯例五月十四日展示过去佛无量光佛的巨像，十五日展示现在佛释迦牟尼的巨像，十六日展示未来佛弥勒强巴的巨像。这些彩缎堆绣的佛像面积甚至达到 900 平方米，又高挂在展佛台上，因而显得特别威武壮观，几乎整个日喀则市区和年楚河平野都能瞻仰佛的容光。

西莫青波通常在藏历八月上旬举行，和拉萨的沐浴节时间相同。节日的主要内容还是跳金刚神舞，跳神者是班禅大师直属的孜滚康僧院的喇嘛。西莫青波神舞的阵营非常庞大，伴奏的乐队由100多人组成，其中3米长的法号8支、腿骨号8支、金唢呐8支、铜钹16副、大羊皮鼓12面。神舞第一天跳16场，主神是具誓法王唐青曲杰；第二天又跳16场，主神为护法神岂丑巴拉；第三天唱藏戏，跳"噶巴"斧钺舞、狮子舞、牦牛舞、孔雀舞、六长寿舞，集西藏民间艺术大成。

祭海

在青海，从清朝雍正时期至民国期间的官祭活动时间一般为每年农历七月十五，如今民间的祭海活动一般选在每年农历的四五月份。祭海节就是生活在环湖地区的藏族、蒙古族等群众拜祭青海湖神的民间祭祀活动，主要祭祀海神的一系列仪式和跳羌姆活动构成。

赛马节

生活在高原特殊自然环境中的人们，行动离不开马匹，从事艰苦的征战更离不开马匹，因此藏族人民在原始的日常生活中培养起对马的浓厚情感，那即是对马的神圣化、神灵化，认为马能决定部族命运，马能决定部族领袖。

赛马是藏族民众十分喜爱的一项活动，它不仅是农牧闲暇之余的集会，交流农牧业生产经验的场所，更是藏民族精神的展示。

藏北赛马会

西藏北部是辽阔壮美的北方草原，那里每年秋高气爽、牧草泛黄时，都要举行充满竞赛精神和英武气概的跑马大会。在节日里还要比歌赛舞、传播信息。同时也是物资交流、亲朋见面的最好机会。而对于跟在马尾巴后长大的青年男女来说，这也是谈情说爱、寻找意中人的黄金时光。总之，在人迹稀少的高山草甸上过了一年放牧生活的牧人们，对赛马会倾注全部的热情、精力和希望，是完全可以理解的。

赛马分长跑、短跑、骑射、弓技四个项目。早在比赛前好几个月，参赛的马便不再使用而投入严格的训练，并且加强营养和精心照料。长跑的距离大都在 10 千米左右，马都是光背，骑手是十来岁的少年，他们身穿非常艳丽的衣服。枪声响处，所有的马风驰电掣般地争相驰骋，马蹄敲打着金色的草原，发出震撼雪山峡谷的轰响。最先到达终点的骑手，能得到一匹马或者相当于一匹马的赏金，当然他获得更多的是荣耀。

江孜达玛节

前后藏交通的枢纽江孜，自古以来农业发达、商贸繁荣、宗教兴盛，素有水晶江孜之称。这里的宗教节日、民间节日很多，最有代表性的要数达玛节，"达玛"意为"箭多"，有万箭齐发的意思。

达玛节分两个部分，前一部分是佛事活动，后一部分是竞技活动。传说最早多达 58 项，后来做了很多的集中和简化。藏历三月三十开始，贝考德钦寺僧人念经、跳神、用色粉撒绘坛城；四月四日，称为"更多"，把魔鬼赶出江孜城；四月十八日，称为"吉为场"，将一幅九层楼高的释迦牟尼佛像高悬在江孜城的半山上，接受信徒香客顶礼膜拜和中外游人的瞻仰。传统的骑马射箭比赛，也是从这一天开始，按公历来说，大约是五月下旬。十八、十九两日，上午长距离赛马，下午骑马射箭，每隔十数步立一靶子，胯下的马都不能停止奔跑。二十、二十一日远距离射箭，此外还有赛牦牛、赛毛驴等充满趣味性的比赛活动。

当雄赛马会

当雄的赛马会，传说是蒙古人传入的，迄今还有个会唱蒙古歌的歌手，到赛马会唱蒙古歌。当雄赛马会是每年藏历七月十日开始，历时三天，延续一个月之久，藏语称"中仁从读"，含义为请喇嘛念经。实际上原是庆祝丰收，开展农牧业产品互市，进行文化娱乐的活动，后来渗入了喇嘛教色彩和政治内容。

定日赛马节

定日地处后藏地区，其经济以农业为主。它与藏族其他地区赛马节基本相同，但不是以全县乃至更大规模进行比赛和物资交流的综合性活动，而是以一乡一村为单位进行单纯的赛马活动。它每年不只赛一次，而是三次，每年春播前夕，各乡各村都要举办一次跑马比赛，藏语称作"加央"，这是为鼓舞士气，顺利播种；春播后，又举办一次赛马，称作"乌央"，是祈祷风调雨顺，预祝丰收的；秋收以后，举办一次规模更大的赛马活动，称作"实央"，老百姓们家家户户披红戴彩，庆贺丰收，所以它不仅是人们农闲的消遣活动，而且还带有某些宗教色彩。

玉树赛马会

活动时间为每年农历的七月二十五日至三十日。活动地点在玉树藏族自治州结古镇。活动主要内容有赛马、康巴藏族服饰展演、藏族歌舞表演、宗教寺院歌舞演出等，还可以欣赏到颇为壮观的帐篷城。

农业节日

西藏农人一年到头辛勤劳动，他们所希望的当然是用汗水换来丰收。但是传统的神灵观念使他们意识到光凭人的努力无法达到目的，必须祈求雪山神、乡上神和龙神赐给阳光和雨水，不要放出冰雹和害虫。这样的精神支柱，必定产生农业生产上的祈祷、祭祀、驱邪等宗教活动。

春播节

春播节又叫播种节、试种节，本是试套的意思，是给第一次学耕地的小牛套上轭木，试耕土地，在每年正月的某一个吉祥日举行。

按照藏族历法所定播种吉日，举行迎接仪式。在播种节尚未到来的前三、四天，要酿造青稞酒，给牲畜准备好装饰品。

到春播节的那一天日出之时，由一个当年属相的妇女和几个老农穿上节日的盛装，在全村的人尚未到来之前，事先将准备好的茶酒、祝愿用的经幡和祭祀用的香炉带上，到当年破土耕地时最好的土地上摆开之后，为当年的庄稼的长势旺盛、丰收来临，在地里祈祷，期望土地神保佑赐福。

在祭完土地神、农业神之后，农民们就回到村寨。当他们一回到村子，全村的男女老少便穿着自己最漂亮的衣服，给大、小耕畜打扮起来，由村里的头领吹螺号告知村民，村民们和当年属相的妇女、老人们一起来到准备开耕的那块耕地上。男女青年们欢欢乐乐地分成几摊子，喝茶饮酒。茶酒之后，由几个男人向首先开耕的方向烧香祭祀，竖经幡，高唱颂词，祭祀神灵准备试耕。在参加祭祀祈祷仪式中，一般说来，每户带来一对耕牛即可，由该户主妇向天敬酒3次，在耕牛脑门上抹3道酥油，以示吉祥；在每对耕牛的轭木上插上经幡。新耕的第一犁，由属相相同的妇女撒出吉祥之气、福运的种子，其余的耕牛一对跟着一对地耕翻。此时的田地里，真是牛的世界、吼叫的闹市。

敬神仪式完后，大家在一起休息，此时老中青年男人们比赛跑步、角力等游戏，还要开展本民族传统的习俗及民间体育活动等等。在比赛时，优胜者给予奖励。同时大家唱歌跳舞，尽情地欢乐。在迎接春播节之后，从第二天起，犁手们要高高兴兴地欢宴五六天。

望果节

"望果"是藏语译音，意为"绕地头转圈"。藏语"望"指农日，"果"即转圈的意思，"望果"节可译为"在田地边上转圈的日子"。因为节日的第一天早晨，当阳光洒满金黄麦田的时候，农民们要手持麦穗围着农田转圈游行，最前边是由喇嘛和老农组成的仪仗队，高举佛像，背着经书，吹着佛号，感谢上天给人们带来了风调雨顺的好年成。辛勤耕耘的农民，眼看着即将收割的庄稼，呼吸着麦田飘来的清香，都为此感到欣喜陶醉，悠悠唱起古老的丰收歌谣。

望果节已有1500多年历史，是藏族农民欢庆丰收的传统节日，流行于西藏自治区的拉萨、日喀则、山南等地。时间在每年藏历七八月间，具体日期随各地农事季节的变化而变化，一般在青稞黄熟以后、开镰收割的前两三天举行，历时一至三天。所以，望果节的日程都以乡为单位，根据当地的农作物成熟情况由乡民集体议定。

娱驴节

娱驴节，藏语"般古昂"，直译为"毛驴叫"，意译有"毛驴撒欢"、"毛驴痛快"的意思，因为毛驴往往在亢奋愉快的时候，才直着脖子"昂昂"大叫。毛驴是山南泽当藏族人民的主要驮运工具。为了感谢毛驴一年的辛勤劳作，泽当农民每年农忙运肥结束后，都要举行娱驴节。节日的毛驴，被卸下了脖套和木鞍，悠然自得，吃着人们为它们准备的青稞酒、酥油茶及平时很少见的食品，俨然是一位贵宾。

罗让扎花节

罗让扎花是黄教祖师宗喀巴的原名，藏历十月二十五日是他圆寂之日。罗让扎花节就是为了纪念他的。在每年藏历十月二十五日，也即是深秋宰牛、分粮之时，各地藏族人民举行家宴、集会、野餐，品尝着辛勤劳动得来的果实。此时，有的人家还要宴请僧人念经。晚上，不少农牧民点上酥油灯，摆上供品。这个节日的规模比较小，一般以家庭为单位。

第八节　藏族歌舞

藏族是一个喜欢唱歌的民族。他们不但节日唱歌、祈神唱歌，而且劳动唱歌，甚至调解纠纷时也离不开唱歌。

歌　舞

劳动中的歌舞

西藏人总是边干活边唱歌，甚至以舞蹈动作相配合。歌唱使劳动具有节奏，动作轻松舒展，并且减轻疲劳，使工作不致过分单调。那些江河两侧的田野，很像农人们的天然舞台。他们成群结队地唱着歌送肥；唱着歌耕地；唱着歌锄草、收割、打场。而长年生活在高山草原的牧人，放牧有牧歌，剪毛有剪毛歌，驮盐有驮盐歌，接羔育幼、拴牛牧羊，都有其独特的歌曲。

对歌

藏语叫"次加"，意为"歌的争斗"。这种娱乐形式在西藏城乡非常普遍，男女老幼无一例外地都乐意参加。无论在劳动、休息或集会时，随时随地都能热烈地对唱。走路的时候，前一拨和后一拨对；过节的时候，这个村与那个村对，男人们和女人们对。过去西藏邮电事业很不发达，藏族人很少有人能书写情书，情歌对唱是他们谈恋爱的重要方式，许多青年男女通过情歌往复最后组成家庭。

喝酒，要有酒歌相伴

在平日应酬上，往往主人家有一两位妇女，一人斟酒，一人唱饮酒歌。酒歌唱过，客人仍不饮酒，或者没有按藏族规矩，先喝三口，再干一杯，便被认为是无理。有一首山南酒歌，讲饮酒的规矩：

美酒不要催快喝快喝，饮酒跟毛驴饮水不一样；

酒歌不能催快唱快唱，唱歌跟比赛射箭不一样；

舞蹈不要催快跳快跳，跳舞跟铁匠打铁不一样。

圈舞，围绕篝火旋转

藏文史料《拉达克王系》记载，早在公元 3 世纪前后的德晓勒时期，西藏各地歌舞就很盛行了。从更远的时代起，藏族人即有圈绕篝火欢歌狂舞的习俗。这些旋转不息的歌舞，陪伴这个民族走过无数个世纪的时光，传承发展直至今日。藏族圈舞泛称为"谐"，雅鲁藏布江流域农民的圈舞称为"果谐"；康区和藏北的圈舞叫"果朝"，又称"锅庄"，舞步雄浑而豪放；林芝一带的圈舞称为"博"，"博"是"谐"的变音。后藏地区的圈舞名叫"堆谐"，后来传到拉萨，成为表演性很强的"踢踏舞"。圈舞进入祭神和庆典，成为一种大型仪礼歌舞，为"谐饮"。

来吧！来吧！来跳圈舞吧

在那些农事闲暇的冬日，劳动归来的夜晚，美丽幽静的村庄，农人们一边唱"来吧！来吧！来跳果谐吧！"的歌，一边汇聚到麦场、庭院、林间空地，燃起一堆篝火，跳起跟土地一样朴素的农民

圈舞。尤其是藏历新年和望果节，"果谐"跳起来简直是不分日夜。跳舞时没有器乐伴奏，舞者不时发出"曲曲曲"或"休休休"的声音，或者吹口哨，或者一起数着快板，以协调舞步、统一节奏。

弦子和锅庄

和农民的果谐相比，流行在藏东康巴人中间的昌都锅庄，舞姿更加潇洒，气势更为高扬，充分显示出康巴男性的剽悍之美。而以巴塘弦子为代表的藏东"康谐"，则更为优美与抒情，充分展示康巴女子优美的体态和迷人的歌喉。

昌都锅庄通常分为"曲朝"（寺庙锅庄）、"仲朝"（牧区锅庄）、"玉朝"（农区锅庄）3 种。曲朝普遍是在寺院宗教节日的时候跳，迎送康区大活佛时也跳。这是一种庄严、隆重、充满宗教气息的舞蹈，男男女女为祈祷来生幸福而献给神佛的舞蹈。清朝乾隆年间，这种舞蹈被引进当时的京都——北京，成为宫廷朝庙乐舞的组成部分。而农区和牧区锅庄则更为热烈奔放，充满自豪。

藏北草原每逢新年佳节、结婚喜庆，特别是一年一度的草原赛马盛会，牧人们都要燃起篝火，夜以继日地跳牧区锅庄，与昌都锅庄相比，曲调更为深沉，舞步更为粗犷，男子动作激烈奔放，铿锵有力，俯仰翻转，令人眼花缭乱；而女子动作小而含蓄，有时腰肢随着歌的旋律轻轻摆动，达到出神入化的境地。

堆谐，拉萨流行的歌舞

堆谐意为上部地区的歌舞，它的家乡是古代南北两个"乃堆"万户管辖的地方。据西藏音乐家边多先生研究，堆谐是从自娱性的民间圈舞"果谐"演变过来的，它和"果谐"不完全相同的是，堆谐有六弦琴伴奏，而且带有表演的性质。堆谐曲调优美，旋律悠扬，快板和慢板节奏变化很大，每个曲调都配有固定的歌词。以珠穆朗玛峰附近的定日为中心的南方堆谐，比较粗犷朴实；以拉孜为代表的北方堆谐，则具有热情流畅的特征。

拉萨一些杰出的民间艺人，对来自遥远的西藏西部的原始堆谐进行了再创造，重新填词作曲，使之更优美、更婉约、更细腻、更有市井气息。例如生活在本世纪前半期的盲目艺人阿觉朗杰，谱写了诸如《重堆宁久》、《阿觉得》、《阿久索朗多布杰》、《甲令赛》等脍炙人口的歌曲。他是与瞎子阿炳生活在同一时代，而且完全可以与之相媲美的民间艺术大师。

谐钦，大型团体歌舞

"谐钦"，意为大歌，它是一种庄严的歌舞，也是一种颂歌。谐钦只能在隆重的仪礼中表演，一年或几年一度的宗教节日往往也要跳谐钦。歌舞是大型的，一般男女各 16 人，有的更多。他们的服装有严格的规定，男的穿缎袍，戴圆形黄绒帽；女的穿彩缎藏袍，戴弓形或三角形头饰。过去跳谐钦是一种差事，子子孙孙一代接一代，现在由民间老艺人担任教练。舞蹈者从当地少男少女中挑选，表演程序是先唱后跳，歌声缓慢，时起时伏，伏时声音低沉浑厚，起时高亢悠远，句句唱词拉得很长，唱完一段之后开始起舞。舞步时而向前，时而后退，时而向左，时而向右，脚下发出不同节奏的声音。西藏各地都有谐钦，表演形式类似，但歌词完全不同。寺庙属民表演的谐钦，大都歌颂寺庙的辉煌；贵族属民表演的谐钦，大都歌颂所属家族的功绩。

震撼雪山的鼓舞

和圈舞同样古老的民间艺术是鼓舞。鼓舞在西藏非常普遍，山南人打的是系在腰间的扁鼓；日喀则人打的是背在背上的大鼓；藏东的热巴人敲击着带手柄的彩色鼓。羊皮鼓发出的使人激昂兴奋的声音，在雪山深谷、寺庙城堡引起阵阵的回音，因此高原民族相信它有驱邪逐鬼的神奇力量。

鼓舞的传说

据说在洪荒远古时代，先民们围着篝火狂欢跳舞，其中一位偶然拾起一块干裂的兽皮敲打了几下，想不到它居然发出轰隆的声响，舞蹈者因此跳得更亢奋，而在远处或近处虎视眈眈的猛兽闻声吓得四处逃窜，因此这个人便发明了鼓，而且被捧上神巫的宝座。鼓，从它出现的第一天起，便和舞蹈、魔法、巫术和某种神异的力量紧紧相连。鼓是西藏原始宗教苯教的重要法器，古老寺庙里可以看到苯教巫师骑鼓空行的壁画。

男子打鼓，女子歌唱

在拉萨附近的农村，在山南地区所属各县，还保留着桑耶寺开光时表演过的打鼓艺术。打鼓队由男女演员组成。男子打鼓，称为"朝巴"；女子唱歌，称为"谐玛"。他们互相配合，刚柔相济，使表演有声有色，精彩绝伦。表演多为12或者16段，据说是再现当年赤松德赞修桑耶寺的过程，也有的打鼓队自称是模仿唐东杰布架设索桥的情形。这种表演不仅仅是娱乐性的，还是西藏各地大型礼仪的一个组成部分。

日喀则人的巨鼓

在日喀则城郊农村，人们跳一种叫"色玛朝"的鼓舞。这种鼓非常巨大，击鼓者多为高大雄壮的男人。他们边跳跃，边打鼓，发出春雷般的声音，使观众感到震撼和亢奋。

金铃银鼓舞热巴

热巴是西藏最精彩、最受人欢迎的民间舞蹈。舞蹈者自称是西藏圣者米拉热巴的信徒，他们表演的节目遵循着米拉热巴的教义，因此被称为"热巴"。他们像鸟儿一样飞到西藏各个地方，甚至到喜马拉雅山以南的印度、不丹、尼泊尔表演。热巴多由家庭、亲属组成演出团体，也有由同乡、朋友结集在一起边流浪、边演出。他们少则六、七人，多则几十人，从一个乡村到另一个乡村。演出前后，他们还替村民揉皮子、刻玛尼石、制作铁针刀具，顺便也贩驴卖马、做些生意，所以他们被称为高原上的吉普赛人。

戴面具的广场剧——藏戏

据说，现在世界各国舞台戴面具的戏剧已经不多见了，而西藏的藏戏是至今仍在表演的面具戏。相传它是 15 世纪著名的苦行僧唐东杰布创造的。

每年藏历七月的雪顿节，有 10 个藏剧团特地从西藏各地到罗布林卡演出。其中琼结县的宾顿巴、乃东县的扎西雪巴剧团等，他们出场时男子戴白面具，是白面派的代表；昂仁县的炯巴剧团、拉萨

的觉木隆剧团等，他们出场时男子戴蓝黑面具，是蓝面派的代表。扎西雪巴剧团的面具舞，近年来常被邀请到欧美和港台演出，受到热烈的欢迎和称赞。蓝面剧团中最著名的是拉萨觉木隆剧团，现在已成为西藏唯一的专业藏戏团体。

藏戏剧目很多，最有代表性的传统戏有 8 个：《文成公主》、《朗莎姑娘》、《卓哇桑姆》、《索吉尼玛》、《诺桑王子》、《白玛文巴》、《顿月顿珠》、《亦美滚顿》等。

藏戏面具很特别，观众对它们非常喜爱。在戏中，国王戴红色面具；王妃戴绿色面具；活佛、仙人的面具是黄色的；告密者和巫女的面具半黑半白；魔妃戴狰狞丑恶的大面具；平民老头、老太太的面具大都用白色或黄色的布缝制。藏戏里还有大量神鬼面具和动物面具，做得特别生动。

第九节　高原民俗

民居

西藏牧人多住牛毛帐篷，而城市居民和农人们，则居住在石块垒成的碉楼里面。喜马拉雅山深处的山民，以及居住在那里的门巴族、珞巴族、夏尔巴人和橙巴人，则大都生活在取材自附近山野的竹楼和木屋。

草原牧帐

从拉萨以北 90 千米处的羊八井开始，便进入了莽莽苍苍的藏北大草原。在那里，一座座蜘蛛形的牛毛帐篷散落在雪山下美丽的牧场上，帐篷的周围有强壮的、穿光板皮袍的藏北牧民，黑岩石般的牦牛，白云般的绵羊，还有牧人最心爱的骏马和藏獒。

帐篷由牧人们亲手编织，所用的材料大都取自高原之舟——牦牛。帐篷是牦牛毛织的，帐篷绳是牦牛毛编的，帐篷桩是牦牛角或羚羊角做的。牧人用一根横梁支架，两根立柱撑起，四周用牛毛绳或牛皮条拽紧，便隔出一个温暖的世界。

帐篷外面一般都拴着一两头高大凶猛的藏獒。掀起门帘，铁制或泥制的炉灶坐落在帐篷的中央，炉灶旁置藏桌一张，后面有神龛或祭坛，神龛左面堆放着的小麦、青稞，酥油和奶渣被垒成一道矮墙；另一边是藏被、皮箱、袍服。

森林木屋

拉萨往东或往南两三百千米，就进入了喜马拉雅山森林区。山民就地取材，用斧头劈开巨大的原木构筑房屋。也有下面砌石墙，上面用木板盖顶的。为了防止高原风暴，屋顶上往往压很多石头。在林芝地区，房屋多为独院，厨房兼作居室，室内砌一火塘，长长的原木彻夜不熄。喜马拉雅以南的墨脱，由于潮湿多雨，住房都采用栏杆结构，楼板距离地面 1 米以上。室内一般分 4 个部分：主室在木楼的中心，北面是仓库和客房，东南面是酒房。西窗右面是最尊贵的客人坐席；南面是男主人坐的地方；北面是次等客人的座位；东面靠门处是女人的专座。

拉萨的碉房

在大昭寺周围，人们可以看到一幢幢用石块垒成的碉房。这些房屋多为平顶立体式碉房建筑，石头墙壁厚达 1 米，由下到上逐渐收缩构成梯形。中间是天井，四周为房间，沿边有走廊连通。贵族府邸宏伟壮观，主楼高达 3～4 层，底层是马圈和仆役住的地方，二层多为仓库和管家、秘书住室，三层是主人的起居室和卧室，最高一层多为经堂。平民住宅多为 2 层或 3 层，三五户甚至几十户同住一个院落，无数的门窗如同蜂窝。

园林别墅

这些房屋色调明快，用轻型钢材做梁，拆掉了过去藏式碉房中密密麻麻的柱子，室内显得宽敞舒适。朝南一面安装落地玻璃窗，采光良好。它们保持着传统藏式建筑的特色，又带有很多现代特征——电灯、电话、自来水、抽水马桶都已经进入拉萨市民家。

寺庙建筑

西藏早期寺庙大都修在平川。后弘期的寺庙，有的修在陡峭的山坡上，有的修在兀立平川的岩峰之巅。它们上承蓝天和雪峰，俯瞰波涛滚滚的河谷，显示出教派的地位与佛法的尊严。

寺庙由经堂、佛殿、僧舍和活佛宅邸等建筑物构成。一些重要佛殿、灵塔殿，往往加盖鎏金铜瓦的巨大金顶，其上饰以铜鸟、宝瓶、金鹿法轮，四角装饰鳌头翘角，下垂铜铃和铁板。经堂佛殿多为巨石垒成的高大碉楼，门口设置各种铜质或木质转经筒，供信徒香客祈祷使用。

寺庙有大有小，最大的寺庙如拉萨西郊的哲蚌寺，建筑面积达20多万平方米。而那些最小的寺庙，称为"日曲"，多建于深山峡谷风景秀丽处，专供活佛高僧静修功德，研习佛理。

餐饮

糌粑、酥油、茶叶和牛羊肉，被称为西藏饮食"四宝"。

茶

茶叶自传入西藏，就深受藏族人民喜爱。这与高原的地形、气候、饮食成分是分不开的。

酥油茶是砖茶或沱茶熬到色泽红黄时，再加酥油、盐巴打制而成。如果加进核桃仁、葡萄干、鸡蛋、牛奶，茶味将更加香甜可口。甜茶是用红茶熬煮加入牛奶、白糖制成，也是藏族人民最喜爱的饮料。在拉萨和日喀则的街头，甜茶馆比比皆是。

饮茶有许多讲究。倒茶时，茶壶先轻轻晃几次，壶底必须低于桌面。客人喝茶前，要用无名指蘸茶少许，弹洒三次，表示祭奠神佛。饮茶不能太急，也不能发出响声，否则会被讥为"毛驴饮水"。要缓缓吹开浮油，分饮数次，饮大半留小半，女主人斟添上再喝。茶饮 3 碗为吉利，不能喝 1 碗就走。

酥油和糌粑

大麦类的青稞是西藏高原主要的农作物。千百年来，使高原人代代繁衍生存下来的主要靠糌粑。将青稞晒干炒熟，放入水磨磨成粉，便成了藏族人的主食糌粑。

酥油是从牛奶、羊奶中提炼出来的黄油，因是土法制造，内含水分杂质较多，营养也更丰富。

糌粑的良伴是酥油。在碗里放适量酥油茶，搁一片酥油使之融化，再掺入糌粑搅拌，用大拇指扣住碗沿，其余四指不停地转动，待酥油与糌粑拌匀便捏成小团而食。出门时，带一袋糌粑、一盒酥油、一块茶、一口锅，便随处可以烧茶进食。这是最典型的、最常见的高原野餐。

生肉和风干肉

西藏人普遍爱吃肉，但通常只吃偶蹄类牲畜。谚语说："山羊肉上不了席。"因为他们认为吃了会伤肾。狗肉更是西藏人所深恶痛绝的。老一辈人普遍不吃鱼，据说他们认为鱼是龙或水神的化身。

宰杀牲畜多在初冬进行，有利于在寒冬中冰冻。宰牛主要为闷死，目的是使血留在体内。杀羊时先缠住四脚，然后用短刀直刺心脏。肉有生吃、风干等吃法。不过现在吃生肉已逐渐减少，而吃风干牛羊肉仍然非常盛行。西藏最好的干肉在羊卓雍湖边，称为"羊卓干索"，吃时先用酥油清润，再蘸辣椒粉吃。

雪域酒宴

西藏非常盛行酒宴，但是不像汉族那样围着桌子吃喝，而是主客各自坐在厚垫上，面前摆着藏桌分开进食。藏餐菜肴有风干肉、奶渣糕、人参果糕、炸牛肉、辣牛肚、灌肠、灌肺等。主食有酥油糌粑、奶渣包子、藏式包子、藏式饺子、面条、油炸面果等。主要饮料是青稞酒，制作方法比较简单：先将青稞洗净煮熟，温度稍降时加入酒曲，用木桶或陶罐封好，让它发酵。两三天后，兑上凉水，再过一两天便可以饮用。喝青稞酒讲究"三口一杯"，即先喝一口，斟满；再喝一口，再斟满；喝上第三口，斟满干一杯。

服饰

藏人居住于雪山环绕、地势高寒的地域，这个特殊的因素使得藏族服饰具有不同于其他民族、其他地域的特色。在长期的历史发展过程中，随着民族之间经济文化的交流，随着丝绸锦缎、珍珠宝石等纺织品和装饰品的引进，藏族服饰也在不断地丰富和发展。西藏的服饰是与这片土地上的气候、地形、物产、历史、文化、宗教以及人们的审美观念紧密相连的。

农人的装束

农民夏天常穿白色或红、蓝色的衬衫，一般用棉绸缝制；冬春则穿黑色氆氇上衣。夏天或农忙时"曲巴"（一种圆领右衽的氆氇长袍）只穿左袖，右袖从后面拉到胸前搭在右肩上。遇到尊贵客人或进寺庙礼拜神灵活佛时，则必须穿上双袖以示尊敬。

农民平时戴毛线帽或毡帽，节日便戴金花帽。印度礼帽也是农民喜爱的帽子。他们穿的靴子称为"松巴"，牛皮做底，靴面绣花，美观而暖和。不过，现在大多数农民都穿胶鞋或皮鞋，"松巴"只有部分老年农民穿了。

藏北牧人的服饰

他们一年到头都穿皮袍，因为那里无论冬夏都十分寒冷。年轻的牧人，头发粗而浓黑，他们把火红色的毛线和浓黑的头发缠扎在

一起，非常英武，这种发式称为"英雄发"。冬天戴狐狸皮帽，夏天戴红缨毡帽，腰间常挂一个铜制或银制佛盒，内供神佛、经文或神圣物件。子弹夹、火镰、火石，都用非常讲究的皮具挂在腰间，它们和腰刀、牧鞭一样，是一个牧人不可缺少的东西。

喇嘛和尼姑的穿着

西藏僧人服装主要有三件：上身穿坎肩，下身着红色僧裙，肩头斜缠一条比身体长约两倍的暗红色袈裟。祈祷诵经时，再披一袭羊毛织成的红色大披风，藏语称为"达冈"。

西藏各教派僧人，可以通过冠帽识别。宁玛派高僧戴一种宝座形的莲花帽；噶举派噶玛巴活佛戴金边黑帽；萨迦派僧人戴心脏形的帽子；藏传佛教格鲁派又称黄帽派，最主要的标志是一顶黄色的僧帽。

尼姑服装不如僧人严格，主要看财力而定。坎肩可镶缎子，裙子和袈裟则为氆氇，鞋子也可以镶一块缎子以表示其地位。随着时代的发展，僧装也有变化，现在，僧尼穿运动鞋、戴手表的也不再罕见了。

善于打扮的西藏妇女

西藏妇女身段苗条、面容姣好，而且非常喜欢打扮，也善于打扮自己。雅鲁藏布江边的农村少女外着黑氆氇无袖长袍，内穿红、白或绿色衬衫，腰系鲜艳夺目的围裙，朴素清新，犹如一朵田野的格桑花。

牧女服饰具有浓烈的草原气息：质感极强的光皮藏袍，裹着美健的身躯，腰间挂着各种银质或铜质工具，例如奶钩、针套、小刀等。牧女爱将头发梳成无数细辫披在身后，发披缀满珊瑚、贝壳、松石和银币。

拉萨妇女的装束又有独特的风韵。夏天穿无袖长袍，里衬各种花色绸衫，腰带紧束，以衬出婀娜多姿的身段；春秋穿带袖长袍；冬天则穿皮袍，长及脚踝。不过，目前拉萨妇女，特别是年轻妇女，无论服装，还是装饰品，都朝着简便、适用、美观、更能显示身体线条和审美情趣的方面发展，在传统服饰的基础上，展现出多种新样式。

婚嫁

藏族的婚姻制度从前是一夫一妻、一夫多妻、一妻多夫制并行，现在则大多采用一夫一妻制。只有偏远的游牧地区由于生活艰辛，少一房妻子可以减少开支，而保留有几个兄弟共娶一房妻子的现象。

藏族年轻男女或自由恋爱，或相亲认识，决定结婚之前必须先合八字，八字相合的话，男方向女方赠送哈达求婚，然后择吉日正式举行订婚仪式，订婚仪式之后便开始准备结婚典礼。

结婚典礼的前一天，男方须将新娘礼服与珠宝首饰先送到女方家，以备第二天使用。结婚当天，男方以一匹有孕的雌马作为新娘坐骑，让迎娶的代表牵去女方家，这匹马的颜色须与新娘的八字相合。迎娶的代表还须带一把装饰明镜、碧玉、珠宝的彩箭，一进女方家，便将彩箭往新娘背后一插，表示她已是新郎家的人，接着把箭上的碧玉取下别在新娘头上，表示新郎的灵魂已附在新娘身上。

当新娘要离开娘家时，家人便爬上楼顶，一手抓着刚才插在新娘背上的那把彩箭，一手抓着一只羊腿，反复地喊着："不要把我们

家的好运带走啊！……"，直喊到新娘走远。

接新娘回到新郎家的途中，迎娶的队伍由全身穿白袍、骑白马、手举八卦图的人前导。若是路上遇到背水或挑柴的过路人，表示吉祥之兆，须下马送哈达；若是撞见倒垃圾或是抬病人的，表示有灾，婚后必须请喇嘛念经解除灾厄。

男方在新娘尚未抵达之前，便已将装有青稞或小麦的袋子铺在门前布置妥当。新娘抵达后，踩着这些袋子进入新郎家，然后再献"切玛"、敬酒、挂哈达、长辈祝福等仪式之后，进入洞房。

生育

在西藏人看来，怀孕和生育只是人们灵魂生生死死的一个过程。因此，每当妇女怀孕时，她和她的家人都要焚香顶礼神佛，希望投胎腹内的生命前世是一个纯粹的佛教徒，甚至是一位活佛，以期他出生后有伟大的光明前程。在他们的观念中，活佛本来已经脱离轮回，应当生活在天堂极乐世界，只是为了解脱众生的苦难，才重返人间与普通人一样经历生生死死的过程。

婴儿一出世便得到相当的重视，生下来的第三天（女孩是第四天），亲友便纷纷带着礼物前来祝贺。一进门，亲友先向产妇和婴儿献上哈达，接着敬酒、倒茶、说些吉祥话，然后捏一点糌粑点在婴儿的前额上，祝福小孩成长顺利。这种仪式称为"旁色"，是"清除污浊"之意，也就是将生产时的污秽清除，使小孩能健康地成长。

孩子满月后要行出门仪式，到庙里进香，然后到亲友家中串门子。藏人认为小孩夭折是被魔鬼抓去，所以婴儿第一次出门必须挑黄道吉日，而且为了避免被魔鬼发现，婴儿的鼻头需搽上一点锅灰，使魔鬼看不到他。

取名字在藏族是一件重要的事，必须请庙里的活佛或德高望重的长者担任，一般在出门仪式之后进行。小孩如果是请活佛命名的话，多为"拉姆"（仙女）、"丹巴"（佛教）、"扎西"（吉祥）、"平措"（圆满）等带有宗教色彩的名字；有的名字则表示父母的期望，如"普赤"（招弟）、"却巴"（到此为止）；有时父母为了孩子不过早夭折，故意给孩子起个不吉利的名字，如"其加"（狗屎），以把魔鬼吓走。

丧礼

天葬

天葬又称"鸟葬"，是藏族最普通的葬法。一般人死后，先将尸体用白布裹好，放置在屋内一角的土坯上，然后请喇嘛来念经超度，使死者的灵魂能早日离开肉体，大致念个三五天，便挑个吉日出殡。停尸至出殡的这段期间，死者的家人不得喧哗、谈笑和洗脸、梳头，并且必须在家门口挂一个围有白色哈达的红色陶罐，罐内放有食物供死者的灵魂食用。

出殡当天，家人将尸体的衣物脱掉，用白色氆氇裹起来，然后背起尸体沿地上画着的白线走到大门，交给天葬业者。家人为死者送行只能送到村口，不得跟到天葬台。在至天葬台的途中，背尸体的人不得回头看。到达天葬场后，天葬师将尸体放到葬台上，然后烧起火堆，冒起浓烟，远处的"神鹰"（鹫鹰）见到浓烟便立刻飞拢过来。黎明前进行肢解，天葬师以利刃将尸体切成一块块，接着将骨头砸烂，和上糌粑喂鹫鹰，喂完骨头喂肉块。若有吃剩的尸体，必须烧成灰撒在山坡上，方能使死者"升天"。天葬的过程虽然残酷，但藏人相信它合乎菩萨舍身布施苍生的意义，能使死者的灵魂升天。

水葬

水葬是世界上比较古老的葬法。水是人类生命之源，人们对水寄于无限美好的向往和遐想。在许多神话中，都把水和神、幸福、美好、不朽连在一起。所以在安葬死去的亲人时，人们又很自然地联想到水葬。也有的民族视水葬是身份低下或孤寡者所采用的葬法，藏南一带因无鹫鹰，无法进行天葬，所以也多采用水葬。水葬有固定的场所，多设在江河急流处。人死后，在家停放1～3日，点酥油灯，请喇嘛念经，然后将尸体运至水葬场，由司水葬者或将尸体屈肢捆扎，胸前缚石沉水，或以斧断尸投水。死者遗物归司水葬者，财产半数交地方政府，半数归寺院。

土葬

土葬约产生于旧石器时代中期，一般是把尸体先装在棺材里，然后再把棺材埋在地里。我国多数民族尤其是汉族重视土葬，因为我国中原的广大地区，土地肥沃，农业文明悠久，百姓世代以农为主，视土地为生命之本（有地则生，无地则死），认为人死后埋于土中，是灵魂得以安息的最好办法，所谓"入土为安"成为信念，影响至深。但是在藏族，土葬却是对强盗、杀人犯或是患染传染病者（如天花、麻风）采用的葬法。在藏人的观念里，土葬会使灵魂被土地吸收，不得升天而无法投胎转世，是一种对死者的惩罚，因而被

神秘莫测的青藏高原

视为最不名誉的葬法。

火葬

火葬具体而言是用火把尸体烧成骨灰，然后安置在骨灰瓮中、埋于土中、撒于水中或空中，甚至以火箭射上太空。火葬是现在很多国家和民族都采用的方法，但是在藏族这并不是所有人都能采用的，只是达官显要或得道高僧采用的葬法。将尸体洗净后焚烧，然后将骨灰抛洒在山顶或是江边。

灵塔葬

灵塔葬只有如达赖、班禅或活佛等身份特殊的人才能使用。尸体先用盐水洗净，风干后涂上名贵香料，放入装饰珠宝的灵塔内保存，塔内一并放入一些死者身前使用的东西和名贵的物品。此外，也有将尸体火化，再把骨灰存放于灵塔之中。

第八章 青藏高原上的城市

第一节 圣地——拉萨

拉萨作为西藏自治区首府，是一座具有 1300 年历史的古城。它位于雅鲁藏布江支流的拉萨河北岸，东经 91°06′，北纬 29°36′，海拔 3650 多米。"拉萨"在藏语中为"圣地"或"佛地"之意，长期以来就是西藏政治、经济、文化、宗教的中心。

拉萨古称"惹萨"，藏语"山羊"称"惹"，"土"称"萨"，相传公元 7 世纪唐朝文成公主嫁到吐蕃时，这里还是一片荒草沙滩，后为建造大昭寺和小昭寺用山羊背土填卧塘，寺庙建好后，传教僧人和前来朝佛的人增多，围绕大昭寺周围便先后建起了不少旅店和居民房屋，形成了以大昭寺为中心的旧城区雏形。同时松赞干布又在红山扩建宫室（即今布达拉宫），于是，拉萨河谷平原上宫殿陆续兴建，显赫中外的高原名城从此形成。"惹萨"也逐渐变成了人们心中的"圣地"，成为当时西藏宗教、政治、经济、文化的中心。在一般人的印象中，拉萨是由布达拉宫、八廓街（八角街）、大昭寺、色拉寺、哲蚌寺以及拉萨河构成的，但西藏人认为，严格意义上的"拉萨"应是指大昭寺和围绕大昭寺而建立起来的八廓街，只有到了大昭寺和八廓街，才算到了真正的拉萨。如今拉萨城东一带尚保持着古城拉萨的精髓。

以布达拉宫和八廓街为中心的拉萨新城，北至色拉寺，西至堆龙德庆县。纵目眺望拉萨城，邮电大楼、新闻大楼、拉萨饭店、西藏宾馆及各色建筑物星罗棋布，互为参错，连连绵绵，一片新辉。站在布达拉宫顶上俯瞰拉萨全城，整个拉萨市区到处是一片片掩映在绿树中的新式楼房，唯八廓街一带飘扬着经幡，荡漾着桑烟。在这里，密布着颇具民族风格的房屋和街道，聚集着来自藏区各地的人们，他们中许多人仍然穿着本民族的传统服装，那仿佛从不离手的转经筒和念珠显然表明佛教实际上已成为一种生活方式。

布达拉宫

"布达拉"译为舟岛，是梵语音译，又译作"普陀罗"或"普陀"，原指观世音菩萨所居之岛。布达拉宫俗称"第二普陀山"。布达拉宫是拉萨城的标志，也是西藏人民巨大创造力的象征，是西藏建筑艺术的珍贵财富，也是独一无二的雪城高原上的人类文化遗产。

布达拉宫海拔 3700 多米，占地总面积 36 万多平方米，建筑总面积 13 万多平方米。其中宫殿、灵塔殿、佛殿、经堂、僧舍、庭院等一应俱全，是当今世界上海拔最高、规模最大的宫殿式建筑群。布达拉宫屹立在西藏首府拉萨市区西北的红山上，是一座规模宏大的宫堡式建筑群。17 世纪重建后，布达拉宫成为历代达赖喇嘛的冬宫居所，也是西藏政教合一的统治中心。整座宫殿具有鲜明的藏式风格，依山而建，气势雄伟。布达拉宫中还收藏了无数的珍宝，堪称是一座艺术的殿堂。1961 年，布达拉宫被我国国务院公布为第一批全国重点文物保护单位之一。1994 年，布达拉宫被列为世界文化遗产。

公元 631 年（藏历铁兔年）布达拉宫由吐蕃松赞干布兴建。当时修建的宫殿有 999 间，加山上修行室共 1000 间，后因雷击和战乱受严重破坏。1645 年（藏历木鸡年），五世达赖喇嘛为巩固政教合一的甘丹颇章地方政权，由第司索郎绕登主持，重建布达拉宫"白宫"及宫墙城门角楼等，并把政权机构由哲蚌寺迁来。1690 年（藏历铁马年），第司桑杰嘉措为五世达赖喇嘛修建灵塔，扩建了"红宫"。1693 年（藏历水鸡年）工程竣工。以后历世达赖喇嘛增建了 5 个金顶和一些附属建筑。特别是 1936 年（藏历火鼠年）十三世达赖喇嘛的灵塔殿建成后，形成了布达拉宫今日的规模。布达拉宫的主体建筑分白宫和红宫，主楼 13 层，高 115.7 米，由寝宫、佛殿、灵塔殿、僧舍等组成。布达拉宫是历世达赖喇嘛的冬宫，也是过去西藏地方统治者政教合一的统治中心，从五世达赖喇嘛起，重大的宗教、政治仪式均在此举行，同时又是供奉历世达赖喇嘛灵塔的地方。

白宫横贯两翼，为达赖喇嘛生活起居地，也曾是原西藏地方政府的办事机构所在地，高 7 层。位于第四层中央的东有寂圆满大殿（措庆夏司西平措），是布达拉宫白宫最大的殿堂，面积 717 平方米，这里是达赖喇嘛坐床、亲政大典等重大宗教和政治活动场所。第五、六两层是摄政办公和生活用房等。最高处第七层两套达赖喇嘛冬季的起居宫，由于这里终日阳光普照，故称东、西日光殿。有各种殿堂长廊，摆设精美，布置华丽，墙上绘有与佛教有关的绘画，多出名家之手。

红宫主要是达赖喇嘛的灵塔殿和各类佛殿，共有 8 座存放各世达赖喇嘛法体的灵塔，其中以五世达赖喇嘛灵塔为最大。西有寂圆

满大殿（措达努司西平措）是五世达赖喇嘛灵塔殿的享堂，也是布达拉宫最大的殿堂，面积 725 平方米，内壁满绘壁画。其中，五世达赖喇嘛去京觐见清顺治皇帝的壁画是最著名的。殿内达赖喇嘛宝座上方高悬清乾隆皇帝御书"涌莲初地"匾额。法王洞（曲吉竹普）等部分建筑是吐蕃时期遗存的布达拉宫最早的建筑物，内有极为珍贵的松赞干布、文成公主、尺尊公主和禄东赞等人的塑像。殊胜三界殿，是红宫最高的殿堂。现供有清乾隆皇帝画像及十三世达赖喇嘛花费万余两白银铸成的一尊十一面观音像。十三世达赖喇嘛灵塔殿，是布达拉宫最晚的建筑，1933 年动工，历时 3 年建成。此外还有上师殿、菩提道次第殿、响铜殿、世袭殿等殿堂。

宫内珍藏大量佛像、壁画、经典等文物，这一民族文化艺术瑰宝，被列入国家级文物保护单位和《世界文化遗产名录》。

布达拉宫整体为石木结构，宫殿外墙厚达 2～5 米，基础直接埋入岩层。墙身全部用花岗岩砌筑，高达数十米，每隔一段距离，中间灌注铁汁，进行加固，提高了墙体抗震能力，坚固稳定。屋顶和窗檐用木质结构，飞檐外挑，屋角翘起，铜瓦鎏金，用鎏金经幢、宝瓶、摩蝎鱼和金翅乌做脊饰。闪亮的屋顶采用歇山式和攒尖式，具有汉代建筑风格。屋檐下的墙面装饰有鎏金铜饰，形象都是佛教法器式八宝，有浓重的藏传佛教色彩。柱身和梁仿上布满了鲜艳的彩画和华丽的雕饰。内部廊道交错，殿堂杂陈，空间曲折莫测，置身其中，步入神秘世界。

布达拉宫还有一些附属建筑，包括山上的朗杰扎仓、僧官学校、僧舍、东西庭院和山下的雪老城及西藏地方政府的马基康、雪巴列空、印经院以及监狱、马厩和布达拉宫后园龙王潭等。

布达拉宫依山垒砌，群楼重叠，殿宇嵯峨，气势雄伟，有横空出世，气贯苍穹之势，坚实墩厚的花岗石墙体，松茸平展的白玛草墙领，金碧辉煌的金顶，具有强烈装饰效果的巨大鎏金宝瓶、幢和经幡，交相辉映，红、白、黄三种色彩的鲜明对比，分部合筑、层层套接的建筑型体，都体现了藏族古建筑迷人的特色。布达拉宫是藏式建筑的杰出代表，也是中华民族古建筑的精华之作。

300多年来，布达拉宫大量收藏和保存了极为丰富的历史文物。其中有2500多平方米的壁画、近千座佛塔、上万座塑像、上万幅唐卡（卷轴画）；还有贝叶经、甘珠尔经等珍贵经文典集；表明历史上西藏地方政府与中央政府关系的明清两代皇帝封赐达赖喇嘛的金册、金印、玉印以及大量的金银品、瓷器、珐琅、玉器、锦缎品及工艺品，这些文物绚丽多彩、题材丰富。

1959年以后，中共中央国务院十分重视布达拉宫的维修和保护，除常年拨给专门维修经费外，1988年国务院决定拨出巨款对布达拉宫进行大规模的维修，并于次年10月隆重开工，在藏汉族工程技术人员的团结协作下，工程历经5年，胜利竣工，布达拉宫这一民族文化瑰宝，以新的魅力，吸引着千千万万的国内外游客。整座布达拉宫堪称是一座建筑艺术与佛教艺术的博物馆，也是中华各民族团结和国家统一的铁证。

罗布林卡

罗布林卡属全国重点文物保护单位，位于西藏拉萨西郊。始建于18世纪40年代（达赖七世），是历代达赖喇嘛消夏理政的地方。经过200多年的扩建，全园占地36万平方米，建筑以格桑颇章、金色颇章、达登明久颇章为主体，有房374间，是西藏人造园林中规模最大、风景最佳的、古迹最多的园林。罗布林卡意为"宝贝园林"。

罗布林卡现在被辟为人民公园，环境优美，建筑维修得也很漂亮，所以也有人戏称罗布林卡是"由一座水塔、两排工艺品商店以及围绕着动物园的几座宫殿"组成的。

罗布林卡四面都有门，东面是正门。康松思轮是正面最醒目的一座阁楼，它原是座汉式小木亭，后改修为观戏楼，东边又加修了一片便于演出的开阔场地，专供达赖喇嘛看戏用。它旁边就是夏布甸拉康，是进行宗教礼仪的场所。它的北侧设有噶厦的办公室和会议室。每到夏日，布达拉宫内的许多政府机构，都要随着达赖喇嘛转移到罗布林卡办公。

18世纪40年代以前，罗布林卡还是一片野兽出没，杂草、矮柳丛生的荒地。后来，由于七世达赖喜欢并常来这个地方，所以当时的清朝驻藏大臣便为其修建了一座乌尧颇章（凉亭宫）。公元1751年，七世达赖在乌尧颇章东侧又建了一座以自己名字命名的三层宫殿——格桑颇章（贤杰宫），内设佛堂、卧室、阅览室及护法神殿等，被历代达赖用为夏天办公和接见西藏僧俗官员的地方。

八世达赖在此基础上扩建了恰白康（阅览室）、康松司伦（威镇三界阁）、曲然（讲经院），并把旧有的水塘开挖成湖，按汉式亭台楼阁的建筑风格，在湖心建了龙王庙和湖心宫，两侧架设了石桥。1922年，十三世达赖对罗布林卡再兴土木，在西面建金色林卡和三层楼的金色颇章，并种植大量花、草、树木。1954年十四世达赖又在北面建了新宫，使罗布林卡发展为今天的规模。

新中国成立前，罗布林卡只是达赖和少数达官贵人游乐休息的夏宫；新中国成立后，在人民政府的关怀下，经过修缮的罗布林卡

面貌一新，里面有苍松、翠柏等树木 49 种，有牡丹、芍药等名花异草 62 种，飞禽走兽各类动物 15 种。园内有修葺工整的花池草坪，玲珑别致的凉亭水榭，还有戏台和木制的桌凳。每逢佳节，游人纷至，罗布林卡沉浸在歌声弦声欢笑声中。

新宫是坐落在罗布林卡内的名建筑之一。新宫内，栩栩如生的壁画丰富多彩。引人注目的是新宫北殿西侧经堂内画的菩提树下的释迦牟尼与八大弟子图。释迦牟尼画最大、最细致，俨然一幅善良平静的尊容。八大弟子形象很生动，那种静穆沉思的虔诚神态刻画得非常逼真，是一幅不可多得的精彩作品。

新宫南殿的壁画，从西沿北到东，是用连环画的形式表现的一部西藏简史，它的内容包括：藏族起源，吐蕃王朝兴亡，公元 846 年至 1391 年西藏佛教后弘及噶当、噶举、萨加、格鲁等教派的陆续举起，1391 年一世达赖根登竹巴出世至十四世达赖丹增嘉措于 1955 年从北京返回拉萨为止的各世达赖传记等共 301 幅画面。这些画面为研究藏族的历史和藏汉关系的发展提供了重要资料。整个画面生动活泼，色彩和谐，具有独特的民族风格，是西藏绘画艺术的一个集锦。

大昭寺

大昭寺位于拉萨老城区中心，是一座藏传佛教寺院，是全国重点文物保护单位，距今已有 1350 年的历史。大昭寺在藏传佛教中拥有至高无上的地位。2000 年 11 月，大昭寺作为布达拉宫的扩展项目被批准列入《世界遗产名录》，列为世界文化遗产。

大昭寺始建于 7 世纪吐蕃王朝的鼎盛时期，建造的目的据传说是为了供奉一尊明久多吉佛像，即释迦牟尼 8 岁等身像。该佛像是当时的吐蕃王松赞干布迎娶的尼泊尔尺尊公主从加德满都带来的。之后寺院经历代扩建，目前占地 25100 多平方米。值得一提的是，现在大昭寺内供奉的是文成公主从大唐长安带去的释迦牟尼 12 岁等身像。而尼泊尔带去的 8 岁等身像于 8 世纪被转供奉在小昭寺。

大昭寺建造时曾以山羊驮土，因而最初的佛殿曾被命名为"羊土神变寺"。1409 年，格鲁教派创始人宗喀巴大师为歌颂释迦牟尼的功德，召集藏传佛教各派僧众，在寺院举行了传昭大法会，后寺院改名为大昭寺。也有观点认为早在 9 世纪时已改称大昭寺。

大昭寺是西藏现存最辉煌的吐蕃时期的建筑，也是西藏现存最古老的土木结构建筑，开创了藏式平川式的寺庙布局规式。大昭寺融合了藏、唐、尼泊尔、印度的建筑风格，成为藏式宗教建筑的千古典范。

西藏的寺院多数归属于某一藏传佛教教派，而大昭寺则是各教派共尊的神圣寺院。西藏政教合一之后，"噶厦"的政府机构也设在大昭寺内。活佛转世的"金瓶掣签"仪式历来在大昭寺进行，1995 年，确定十世班禅转世灵童的金瓶掣签仪式也是在这里举行的。

小昭寺

小昭寺又名上密院，藏语叫"居堆巴扎仓"，属藏传佛教格鲁派密宗最高学府之一，位于拉萨城的东北部，八廓街北约 500 米处。

小昭寺占地 4000 平方米。据说它是由文成公主主持、并由公主从内地带来的建筑师修建的，所以小昭寺的早期建筑是仿汉唐风格。小昭寺的大门朝东，以寄托这位公主对家乡父母的思念。寺庙取名

"甲达热木齐祖拉康"，意为"汉虎神变寺"。拉萨当地人管这儿叫做"热木齐"，意思就是"汉人的"。

小昭寺是汉语称谓。小，是与大昭寺相对应而言；昭，是藏语"觉卧"的音译，意思是佛。寺内供有释迦牟尼8岁等身像及众多的佛像和唐卡等。1962年被列为西藏自治区重点文物保护单位。

小昭寺历史上几经火焚，现存的小昭寺的建筑大多是后来重修的，只有底层神殿是早期的建筑，殿内的10根柱子依稀可见吐蕃遗风：上面镂刻着莲花，并雕有花草、卷云以及珠宝、六字真言。小昭寺主楼3层，底层分门庭、经堂、佛殿三部分，周围是转经廊道，廊壁上遍绘无量寿佛像。顶层是汉式金瓦，金光闪闪，凌空摩天，拉萨各个方位均能看到，蔚为壮观。

小昭寺的名声和规模都比不上大昭寺，也没有那么热闹。但是别有特色。藏历大年初一，来这里朝佛的人络绎不绝。小昭寺里的僧人书写经文，为生者祈福，为死者超度。

🌸第二节 东方门户——西宁

西宁取"西陲安宁"之意，是青藏高原的东方门户，地理位置十分重要，古有"西海锁钥"之称，是青海政治、经济、文化、科技、交通中心，主要工业基地。它位于青海东部，湟水中游河谷盆地，总面积7665平方千米，其中市辖区面积350平方千米。

西宁是典型的移民城市，多民族聚集、多宗教并存。西宁地处黄土高原与青藏高原、农业区与牧业区、汉文化与藏文化的三大结合部，是青藏高原人口唯一超过百万的中心城市，移民人口达 100万之多，有汉、回、藏、土、蒙古、撒拉等 34 个民族，其中少数民族人口 54.36 万人，占总人口 25.55%。佛教、伊斯兰教、道教、基督教、天主教五大宗教并存，藏传佛教和伊斯兰教影响尤为深远。塔尔寺是我国六大藏传佛教寺院之一，东关清真大寺是西北四大清真寺之一。各民族团结奋斗，相濡以沫，谱写了灿烂的发展史，创造了辉煌的成就，赋予了丰富的人文精神，使西宁显现出包容、勤劳、开放、创新的城市文化特点。西宁是古"丝绸之路"南路和"唐蕃古道"的必经之地，自古就是西北交通要道和军事重镇，素有"海藏咽喉"之称。随着西部大开发和现代交通建设步伐的加快，以西宁为中心辐射全省的交通网络已形成，315、109 国道贯穿全境，高速公路和一级公路四通八达，铁路向四周延伸，总铺轨里程 1300多千米。青藏铁路建成通车使西宁成为青藏高原铁路中心枢纽。

西宁古八景

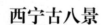

　　古城西宁有着两千多年的历史，有着奇峰秀水，更有着动人的传说。早在清朝，人们就评选出湟中八景（当时的湟中，指的是湟水两岸的区域），把西宁地区的秀美风景作了一次盘点，赋诗咏志，赞美湟水谷地。斗转星移，沧海桑田，在将近一个世纪的风雨后，西宁这方热土又以夏都的独特气候条件吸引着世人的眼球。

　　所谓的西宁古八景，是由清末西宁人张思宪所写《题湟中八景》诗而来，有的现在名气仍然很大，但是有的已经在历史发展的过程中被人们遗忘甚至消亡。消亡的原因不一，但那些有着深厚历史渊源、有丰富人文景观的景区景点，现在仍然为人们所熟悉，并且依然吸引游客。

石峡清风

"石峡新开武定关，东西流水北南山。

行人莫道征尘污，两袖清风自往还。"

从西宁东行 15 千米，便可到达一个秀丽清爽的避暑好去处，那就是"石峡清风"。

石峡，俗称小峡，在历史上是以险关危隘著称的。世治时，它是连通东西交通的要道；世乱时，它又是隔断两地的重门。宋代时修筑绥远关以控制要害地段，后于清代修筑了武定关和德安关。小峡也为人们留下了动人的传说：昔日此地重山环复、河道不通，有仙人投石击山，丘峦崩摧，湟水中通，形成了奇峻雄伟的小峡。

而今的小峡，一座钢筋混凝土拱桥飞架南北，公路平坦如砥，行人车辆川流不息，险关变通途。只不过，游人到达小峡口湟水两岸时，即便是夏日炎炎，仍觉得凉风习习。当年那"石乱马蹄稀"的情景已成为一段历史的回忆。人们所咏的，不仅是峡谷吹来的自然风，或者是沿途秀丽的自然风光，人们还借物咏志，希望和祈求从这个风光秀丽的小峡经过的官员，两袖清风。

金蛾晓日

"金蛾池水涌金蛾，五色班斓迷目多。

破晓云开登绝顶，惊人佳句问如何。"

位于大通回族土族自治县的娘娘山，又名金蛾山。山顶有一座天池，每到夏季雨水旺盛之时，天池里水波荡漾，池畔蝴蝶飞舞，五色斑斓。青海多山，而娘娘山上有一制高点，早晨在山上观日出，太阳从万山中喷薄而出，景象壮观，据说可与泰山观日出媲美。游人登山观日出时，朝阳、山花、蝴蝶相映成趣。娘娘山以其幽深秀丽、气象万千而闻名遐迩。

文峰耸翠

"文峰崛岁（zé lì）笋云霄，孔雀楼前望不遥。

最爱年年秋雨后，青螺翠黛画难描。"

提及这一景点，必然提及西宁南山的一个美丽传说。据说，人们曾经在南山修建一座阁楼，便有凤凰落到这儿，当地人视为祥瑞之兆。后来，也是为了企盼当地文风繁盛，人们就在山上修建了魁星阁。如今，这一景致已经不为西宁人所熟悉了。

凤台留云

"凤台何日凤来游？凤自高飞云自留。

羌笛一声吹不落，纤纤新月挂山头。"

西宁南山又叫凤凰山，山上有亭，名叫凤凰亭。南凉时期，传言"龙现于长宁，麒麟游于绥羌"，由此而来的西宁古八景之一的"凤台留云"，成为西宁一胜景。南山以关帝庙为中心的建筑群，始建于明永乐八年（公元1410年），是西宁现存保护较好的明建筑。如今山上的景点均为新中国成立以后新建。

由于南山的海拔比较高，所以凤台上经常云雾缭绕，自成景致。如今，这些景致作为南山公园的一部分已经开发出来了，并且随着南北两山大公园的开发，这些景致的开发会更上一个台阶。

龙池夜月

"九池环注五龙宫，一水清澄月正中。

底事夜深风静后，恍如龙戏玉珠同。"

所谓"龙池"，指的是位于西宁西郊苏家河湾村西南的一眼泉水。由于这里曾经修建过不少庙宇，所以，历史上这是一个香火旺盛的地方。这里的庙宇始建于明代，后来屡建屡废，清末称作"五龙宫"，曾经盛极一时。

如今，所谓的龙池夜月景致已经无法欣赏了。但是，想象当年泉水清澈，夜色清朗，明月高悬，犹如江南水乡般的景致一下子到眼前来了。

湟流春涨

"湟流一带绕长川，河上垂杨拂翠烟。

把钓人来春涨满，溶溶分润几多田。"

所谓湟水，即指流经西宁城北的黄河重要支流——湟水河，又名西宁河。每当春夏之际，湟水上游冰雪消融，水源充足，流至西宁西郊河、北川河、南川河先后注入湟水，遂河水骤涨，波涛汹涌，故称"湟水春涨"。如今，湟水河两岸由于城市建设而日新月异。时值初春，漫步湟水河岸，柳色如烟，公路如砥，高楼林立，夜晚万灯辉煌映衬着一天星斗，风景宜人。

五峰飞瀑

"五峰如掌列云端，瀑布飞流似激湍。

六月炎天来避暑，松声飒飒水声寒。"

著名的五峰飞瀑位于互助土族自治县的北沟脑。因为这里的山峰很像五个手指，所以叫五峰山。这里环境幽雅，泉水众多，细流飞洒，好像瀑布高挂，至今仍然是青海旅游胜地。

五峰山有三奇，即林、泉、洞。人们又归结了三林、三洞、三泉。三林是松树林、杨树林和桦树林，夏季林木郁郁葱葱，繁茂遍野，到了秋季，松青、杨黄、桦叶变红，层林尽染，风景无限。三洞是东洞、西洞、北洞。东洞深 8 米、高 3 米、宽 3 米；西洞深 7 米、高 2 米、宽 3 米；北洞深 10 米、高 3 米、宽 4 米。洞内露冷苔苍，别有韵味。三泉是龙宫泉、隐泉、裂口泉。三泉水以龙宫泉水质最好，泉水经石雕龙口喷吐，沿七级石壁泻下，形成瀑布，水溅山径，在泉石周围刻有"山幽林更静，人间歌不尽，鸟语花香地，泉中水长流"等诗句。

从龙宫泉拾级而上，便是五峰寺。五峰寺始建于清朝乾隆年间，主要建筑有菩萨殿、龙王阁、玉皇宫、香公楼、同乐亭。亭台楼阁、绘饰新彩，更加引起游人注目。

五峰山也是青海民歌演唱胜地，俗称"花儿"会，每年六月六，正是五峰山风光最美的季节，五峰山六月六"花儿"会也就闻名遐迩。届时，西北各路歌手云集五峰山上，引吭高歌，声震四野，从黎明一直唱到深夜，"五峰六月歌仙会，八乡四野觅知音"，如此大规模的群众艺术盛会，为五峰胜景增添了异彩。

北山烟雨

"北山隐约树模糊，烟雨朝朝入画图。

却忆草堂留我住，爱他水墨米颠呼。"

西宁四面环山，南北两山却因奇、秀为人所爱。北山便是以奇制胜。西宁北山，又名土楼山。土楼山上曾建土楼山神祠，在神祠的旧址又修建寺庙，旧称北禅寺，也叫永兴寺。早在北魏，郦道元在《水经注》中曾记载："湟水又东，经土楼南，楼北依山原，峰高三百尺，有若削成，楼下有神祠，雕墙故壁存焉。"由此可见，北山迄今已有两千多年的历史了。

北山的古迹不少，这也是北山至今还作为西宁的一大名胜而著名的原因。如今，这里还有佛寺、道观、砖塔、洞窟、壁画和露天大佛。经历代的扩建增修，在峭壁断崖间凿成洞窟，自西向东依次分布着"九窟十八洞"。

高原的气候乍雨还晴，而到土楼山游玩，最佳胜景则是雨中观游。在烟雨中才能真正感受到土楼山隐约模糊、水墨入画的意境。站在斗母殿，殿檐滴水如珠，雨幕中的群楼像笼罩了一层轻纱，道路纵横像是几笔粗墨，片片树林犹如淡墨渲染。遥望南山，似见似不见，形隐而神存。唯有北山顶上那座具有唐代建筑风格的宁寿塔，在烟雨蒙蒙中矗立，像是一位久经风霜的老僧，在思谋着苍茫的人世。

西宁新八景

前有古八景，今有新八景。西宁的新景观都是新中国成立以后新建的旅游景点，新在于它的面貌新，设施较齐备。新八景是西宁人民节假日休闲、娱乐、散心的好去处。这些景点许多是在原来的荒山沙滩上修建起来的。

人工绣景——人民公园

人民公园是西宁市最大的公共游乐公园，位于城西湟水与北川河交汇处南岸。1959 年始建，后数次扩建，占地 40 多公顷。主要游乐设施有花卉区、人工湖、儿童游乐区、动物观赏区及美术展览馆等。这里绿树成荫、曲径回廊、水阁相间、鸟语花香，十分清雅。

走进被装扮得绚丽缤纷，洋溢着节日气氛的公园正门，点缀在草场上的花坛，让人倍感淡雅、清新。顺着石阶而下将步入一条林荫大道，参天大树搭成的一座绿色凉篷。走在绿色的通道上，定会心旷神怡，精神倍爽。林荫大道的尽头，一座造型奇特的"江河源"喷泉布入眼帘，似乎亲临了真正的江河源头。

人民公园以人工湖为核心，湖面面积近百亩。人工湖始建于1964年，逐年拓展。人工湖被一条林荫通道分割为西湖和东湖。东湖内建有两座拱形小桥，小巧玲珑，堤边垂柳映衬在碧波荡漾的湖面上，颇有江南色调。湖心山垂柳曳地，湖风亭情侣小憩，一派悠闲，其乐融融。人工湖西侧有200米的长廊，临水亭榭古色古香，造型别致。另有一宽阔的平台与湖面相接，凭栏眺望，似感船在水上行走，在湖边进行垂钓别有情趣。人工湖北岸是望湖楼，登上望湖楼，湖光山色尽收眼底，北望滔滔湟水东流而去，南见人工湖上五彩缤纷。

占地50亩的动物园，园内有动物多种，有黑颈鹤、灰鹤、班头雁、黄鸭、鱼鸥、棕头鸥、雪豹、猞猁、棕熊、野牦牛、岩羊、藏原羚、白唇鹿、麝、野驴等。它们大多是青藏高原所独有的动物，动物园虽然占地面积不大，但有奇迹发生在这里，有一只丹顶鹤是被饲养员用自己的体温"孵"出来的。据说，原本是两枚蛋，一枚蛋被母鹤挤进了水里。但是，由于公鹤被送到了别的动物园里，母鹤在悲愤中死去了。别的鹤又不孵卵，饲养员只有自己"孵"了，最后终于把这枚蛋"孵"了出来，也许现在这只小鹤仍健康地活着。由于这里独特的自然条件，人民公园成了首次人工饲养雪豹的地方。经过长期的饲养研究，世界上首次人工饲养条件下雪豹繁殖成功。

遗憾的是，由于饲养员对雪豹习性了解不深，贸然靠近小雪豹，造成母豹将几只小豹全部咬死。另外，每年还会有大象、长颈鹿、国宝大熊猫等动物到这里巡展。

公园西侧有绿园花圃和儿童乐园。绿园花圃鲜花绽放，精巧构思而成的园林艺术，景致美不胜收。人民公园内有绿地面积300多亩，杨柳、松柏繁花叶茂，花圃育花1万多盆，300多个品种。如今，从荷兰来的郁金香在人民公园园丁们的辛勤培育下，把这里装点得更加五彩斑斓。每年一期的郁金香花展引来了众多游客观赏。每逢秋季，西宁菊展便在这里举办，菊花傲雪、争奇斗妍，为高原游客平添了许多情趣。

西海南园——西海度假村

西海南园坐落在平安县境内的湟水南岸，是一座占地面积为700多亩的游园，原是一片荒山，经过十余年的苦建，终于把荒山改造成了绿园。

走近西海南园，走过一条仿唐建筑的商业街，一座壮观、古朴的牌楼矗立在你面前，上书"南园"二字，这便是西海南园的正门，从此盘旋而上，登到山头，便可看到一个庞大的建筑群体，包含中西式建筑30多座，亭台楼阁形状各异。山头上有卧虎亭、引凤亭、惠临亭、瞻乐亭，两个山头之间有一小桥，名曰"鹊桥"，据说游人中的情侣都愿走过此桥，讨个吉利。蟠龙亭龙口喷泉，泉珠泻下，犹如一条瀑布。园内有一"憩园"，小巧别致，东南西三面环山，北面有座西式长廊，中心有一座直径5米的莲花池，池内一座红色鲤鱼雕塑，口中喷出水柱10多米高。池南有两亭，一名"纺云"，一名"织雨"。过两亭向南，有聚贤堂，朱漆圆柱，四周有廊。堂南端有一假山，上书"曲径通幽"，假山内有迂回山洞，洞内凉气袭人，冥冥中难寻出路。

从聚贤堂沿山路而上，便到了南乐门。进了南乐门，便是日楼和月楼。登临日月楼，秀丽的山川，尽收眼底，天气晴朗时，可见西宁机场的客机降落，兰青铁路线上列车奔驰。

南乐门外是民俗村。民俗村里有藏式、蒙式帐篷可供游人歇息。过了民俗村，一幅奇观展现在游人面前。一座长城蜿蜒起伏在五个山头，登上长城更使人感到心旷神怡，气象万千。更令人惊讶的是这座长城是空的。城墙内建有梦幻谷，梦幻谷里有大型壁画文成公主进藏图和民族风情的雕塑。被长城环抱着的是跑马场，跑马场内可以骑马、射箭、习武，让游人感受一下高原人的粗犷骁勇。

长城脚下有一条奇特的山沟，山沟里开满了玫瑰、月季和樱花，在万花丛中修建了座座别墅，名曰"林间小屋"。这些别墅有的被树皮包裹，有的像陕北窑洞，有的似民间土房，能在这林间小屋小住，别有一番情趣上心头。

园内有人工湖，湖上小船悠悠，群群白鸭错落其间，是一番天然景致。人工湖旁是一座全封闭温水游泳馆。西海南园是集旅游、疗养、度假、娱乐为一体的公园。

植物天成——西宁植物园

在城市里住久了的人，总想去大自然中寻找那种返璞归真的感觉。西宁植物园便成了城市人在节假日休闲、游玩的好去处。

植物园是一座天然公园，坐落在西宁西山湾，原来只是西山林场的一个苗圃，1980年扩建为西宁植物园，占地面积1000多亩，以台地为主，分山上、山下两个旅游区。山上为林区，有树种1000多

亩，主要树种是云杉、油松等。高大的杉树，像一座座绿塔，参天而立。茂密的松林，遮天蔽日，在西宁市区，竟然能找到这样的"深山老林"，使人感到浑然两个天地。

山下的景点，建有盆景园、丁香园、蔷薇园、松柏园、丁香园、岩石园等9个园中园，其中以盆景园最诱游人兴致。盆景园内有各类盆景数百盆，共54科，110属，415种。其造型独特，建筑风格颇具苏州园林韵味，被誉为"不是名园赛名园，不是江南赛江南"。许多外地游客都慕名而来。

丁香园是园中第二大景致，每当4月之时，满园丁香在微风吹拂下，散发着阵阵清香，令这里的游客陶醉，也正因为如此，丁香乃誉为西宁市的市花。

在苹果园里游人可在苹果树下，亲自动手，大家围桌而坐，品着"盖碗茶"，饮着青稞酒，吃着"手抓羊肉"，兴致所致还可引吭高歌，故叫"野炊园"，在这儿可以体验自然生活，领悟自然。

童心妙趣——西宁儿童公园

这里是儿童的乐园，欢乐的世界，进入儿童公园映入眼帘的是一个中心广场，绚丽的鲜花，五彩的气球，天真的笑脸，快乐的笑语和与人们友好相处的和平鸽，是儿童公园的一道风景。广场两边并排着12生肖的石刻，这组石刻栩栩如生。来这儿的父母们都会诱导自己的孩子，抱着各自的属相在拍照留念，永远记住这个幸福的时刻。广场背后是一座大型喷泉池，节日之夜，喷泉五彩缤纷，是最受儿童欢迎的地方。

儿童公园内绿树参天，杨柳依依，园内建有一人工湖，湖水碧绿，像一块大宝石镶嵌公园，湖中小船荡漾，水中鱼嬉戏成群，三五个孩子结成一伙在湖边捉小鱼。

在人工湖西侧，建有摩天轮、高空行车等各种游玩设施，每一个到这儿的孩子们是那样的幸福，看到孩子们的笑脸，听到孩子们的欢声笑语，便有了一种满足感，也从他们的身上找回了自己的童年。

在公园的绿林深处，有一座园中之园，名曰"妙趣园"。园内有音乐茶座、猜谜厅、展览室，建筑风格小巧精致，路转廊回，拱门花窗，墙上嵌着书碑，多为名人书法。各座庭院里种着果树、牡丹月季，是一座幽雅的文化园地，童心而有妙趣，可谓匠心独用。

朝阳绿地——西宁朝阳公园

在朝阳地区的居民密集区，有一块休闲、散心的好去处——朝阳公园，这里空气清新，花草繁多，绿树成荫，是鸟的天堂家园，人的仙境胜地。

该公园原是朝阳地区的一片沙滩地。1986 年改建为朝阳公园，园内建有仿古的四方亭。园虽小却很精致，不到十平方米。人们可在小亭下乘凉、聊天。四方亭的周围是花房、花圃，花房中的花品种繁多。每到假日，小区居民便到这块净土绿地中来享受自然界赐给人类的最好礼物。

湟滨乐土——西宁市湟乐公园

此园所以叫湟乐公园，是因为它坐落在湟水南岸的乐家湾地区。这里原是兰青公路两侧的一大片树林，林木茂密，野花丛生，绿草如茵，北临湟川，早就是附近市民野炊、钓鱼的好去处。前些年，整建八一路，把公路改直，这一段弯路被弃置，正是改建公园的好地方。

湟乐公园的大门在兰青公路的北侧，此门是由大小不等、形状各异的几个拱状套环所组成的，既是大门，又似雕塑，为兰青公路增添了美色。园内以"沁园"为中心建筑，湟水被引进公园，从沁园流过，使沁园形成了水榭。水榭四周，是各式花圃、花房，湟乐公园最大的特色是保持原来自然林木景观。于是西宁人野炊、郊游的好地方当属湟乐公园，人们在这里可以尽情地观赏自然景物、人工风物，可以过一种原始的郊外生活。当然，人们去郊游、野炊是直接的目的便是"踏青"，寻找春天的第一丝曙光、第一片绿叶、第一丛绿草。

看河新图——南川河上看河楼

在西门口南川河上有一座秀美的水上游园。在西门桥北侧清代看河楼旧址重建了一座看河楼。登上看河楼，可以看到水上游园全景，举目四望周围高楼林立，桥上车水马龙，河对岸的小公园里人头攒动，绿树花影，可谓一幅高原新图。

在西门桥的南侧，建有一座风帆雕塑，雕塑四周是一片雅致的广场，广场沿河一侧，建有石桌、石楼，可供游人品茶小憩。广场南端是一座造型特殊的船形楼，远看是一座楼船，近看是一座饭店酒楼。

玛脊神泉——药水滩温泉

从西宁市南行40千米，便进入了湟中县的玛脊峡谷，峡谷在群山之间，赤色的山岭蜿蜒而上，极目望去，那峡谷的尽头便是拉脊山峰了。五六月间，拉脊山头还戴着雪帽，可是峡谷之间的药水滩已是绿草如茵，鲜花遍野了。

"药水清流药味香，效灵真不异仙方，春光无限不须买，泉有丹砂延寿长。"

药水滩西南侧山弯里流出一股清泉，水温在 20℃～45℃ 之间，水呈黄绿色，有浓浓的硫黄的气味。手伸水中，滑凝如脂，手出水外，似乎被人抚摸一般。水入口中，有呛鼻的气味，可是并不难下咽。当地农民有人用这种温泉水煮面条，其味异常鲜美。这就是著称于青藏高原的药水滩温泉，经国内以先进科学手段对水质进行分析，得知药水滩温泉含有大量人体必需的锂、镁、锶、铬、锰、硼、硅酸等微量元素，药用价值很高，内服对肠胃有很好的保健功效，外浴对癣、疥、荨麻疹、关节炎也有很好的疗效，所以人们把它叫"药水神泉"。

围泉观之，石子闪光；荡漾不停，闪烁晃耀；注入沙水，深碧泓漓；澄澈迅疾，悄然如语。药水泉有它的特色：药水泉的水真清，清得可以看见泉底的沙石；药水泉的水真静，静得像水纹一丝不动。

药水泉的美丽，更有药水村的陪衬，那南峰的桦树，北边的杨柳，几朵淡淡的白云，交映成趣，更有那群山峰峦中的涓涓溪流，把药水泉装扮得绚丽多姿。

药水滩附近的上新庄农民，近年来利用药水滩温泉，修建了一座疗养旅馆，馆内有游泳池、浴室、客房，每年接待上万名各族旅客。后来，他们又开发出"神泉"牌矿泉水，这种矿泉水是含氢重碳酸钙型的，远销日本东京市场，据说很受日本消费者的欢迎。

从游泳池出来，沿着青草滩上的小溪步行，便可看到在小溪两侧一串珍珠泉眼。那名字真美，真妙！也许是因为泉水潺潺，有叫女儿泉的，也许是泉水晶莹剔透，有叫水晶泉的，还有叫眼睛泉、洗脚泉的。在小溪一旁，经常看到藏族姑娘三五结伴，一个泉一个泉挨着洗下去，有时候还对某个泉眼顶礼膜拜一番，莫不是在表达心中美好的祝愿。

第九章　神秘的未解之谜

"野人"之谜

传说公元 1915 年，神农架边缘地带的房县，有个叫王老中的人，他以打猎为生。一天，王老中进山打猎，中午吃过干粮，抱着猎枪在一棵大树下休息。不一会儿，他就迷迷糊糊地睡着了。朦胧中，他听到一声怪叫，睁眼一看，有一个 2 米多高、遍身红毛的怪物已近在咫尺。他的那只心爱的猎犬早已被撕成了血淋淋的碎片。王老中惊恐地举起猎枪……

没想到红毛怪物的速度更快，瞬间跨前一大步，夺过猎枪，在岩石上摔得粉碎。然后，笑眯眯地把吓得抖成一团的王老中抱进怀中……

王老中迷迷糊糊中，只感到耳边生风，估计红毛怪物正抱着自己在飞跑。不知翻过多少座险峰大山，最后他们爬进了一个悬崖峭壁上的深邃山洞。王老中渐渐地清醒过来，这才看清这个怪物原来是个女"野人"。

白天，女"野人"外出寻食。临走的时候，她便搬来一块巨石堵在洞口。晚上，女"野人"便抱着王老中睡觉。

一年后，女"野人"生下一个小"野人"。这个小"野人"与一般小孩相似，只是浑身也长有红毛。小"野人"长得很快，身材高大，力大无穷，已能搬得动堵洞口的巨石了。由于王老中思念家乡的父母和妻儿，总想偷跑回家，无奈巨石堵死了他的出路。因此，当小"野人"有了力气后，他就有意识地训练小"野人"搬石爬山。

一天，女"野人"又出去寻找食物，王老中便用手势让小"野人"把堵在洞口的巨石搬开，并且背着自己爬下山崖，趟过一条湍急的河流，往家乡飞跑。就在这时，女"野人"回洞发现王老中不在洞里，迅速攀到崖顶号叫。小"野人"听到叫声，野性大发，边叫边往回跑。由于小"野人"不知河水的深浅，一下子被急流卷走。女"野人"凄惨地大叫一声，从崖顶一头栽到水中，也随急流而去。

已不成人形的王老中逃回家中，家人惊恐万状，竟不敢相认。原来他已失踪十几年了，家人都认为他早已死了。

西藏"野人"之谜历来被炒得沸沸扬扬，是"世界四大谜"之一。早在1784年，我国就有西藏野人的文献记载。近年来，在喜玛拉雅山区不断有人目击野人活动并有女性野人抢走当地男人婚配生子之事。已有若干考察队深入藏东考察，但目前野人仍是一个谜。

在世界许多地方都流传着有关"野人"的传说，100多年来北美洲不断有人目击"野人"，并称之为"大脚怪"，特征是与人相像，直立行走，两臂摇摆，全身是毛，身高2～3米，不会讲话。专家认为这可能是古代巨猿的后裔，目前还仅停留在观察阶段。无独有偶，在西藏的喜马拉雅山麓，在西伯利亚的贝加尔湖畔等地还流传着"雪人"传说，1951年，英国珠峰登山队长西普顿拍摄到了第一张"雪人"的清晰脚印照片，终于使科学家们确信无疑。脚印长31.3厘米，宽18.8厘米，拇指大而外张。在我国湖北省神农架地区有许多目击者看到过"野人"，并收集到一些毛发。人们描述其特征：眼睛像人，脸长，嘴突，四肢粗壮，无尾，明显分化出前臂和后腿，浑身棕红色毛发。

虹化之谜

在瑰丽的西藏高原，总是有许多天人合一的现象无法解释，比如"虹化"就是其中之一。

虹化是得道高僧在圆寂时出现的一种神秘现象。据说，修炼到很高境界的高僧在圆寂时，其肉身会化作一道彩虹而去，进入佛教所说的空行净土的无量宫中。

1969 年，壤塘县的俄末路活佛和班玛县的那希堪布乐活佛分别于修果寺和知钦寺圆寂，身体均缩小到 30 厘米左右，火化后，出现了五色舍利子。1980 年，西藏昌都地区贡觉县的阿达拉姆和察维县的玉拉大姐，两人去世时分别成比例地缩小到 20 厘米和 50 厘米高，而且都坚如钢铁。1983 年，色达县年龙寺的堪布索尔顿活佛圆寂后，身体也缩小成小臂高，火化后出现了五色舍利子。

原西藏社会科学院宗教研究所的活佛索朗顿珠也提到，他的导师南开多吉逝世时，打坐处不断发出异常响声，并绚丽光化；声响之大，可谓惊天动地，最后只留下弥足珍贵的舍利子。

此外，著名的藏传佛教学者堆炯·吉扎盖西多吉在《宁玛源流》一书中写道："以南北大圆满库之道，得虹化者不计其数。"

不论哪一派密教的修行人，在修炼密法到达很高的境地后，当他命终时，就会出现虹化现象。他的肉身会化作一道彩虹，朝天上飞去，进入佛教所说的空行净土——无量宫中。这在常人听来不可思议，在密教的修行者看来，却非常平常。

透过长年的修炼，修行者的身体内聚集了巨大的能量，当他面对死亡之际，就让这能量把肉体转化为最初组成身体的光质，色身融化在光中，然后完全消失。不过由于所修法门的不同，修行者的虹化过程也会出现不同的现象。较普遍的有两种：一种是修行人圆寂前，要求独处，死后 7 天不要动他的遗体。房间里会充满奇异的彩虹般的光。到第 8 天，人们打开房间，只见修行人的遗体已经消失，只留下头发和指甲。另一种修行人圆寂前是要独处，但允许亲传的弟子在身边，修行人如常盘坐，身体自燃，一道彩虹冲天而去。无垢光尊者曾在《句义宝藏论》中指出过学密宗的上等瑜伽士，应有的四种成就相，即①无余微尘而成就。②为度化他众以满天彩虹之光身而成就。③光身消于虚空而成就。④肉身直接消于虚空而成就。

而这几种成就，实际上就是虹化。在《金刚萨埵意镜续》中也曾说道："修密法者所得涅有两种，一为正等觉，二为现前觉。所谓正等觉，即是以无余肉身而成佛；所谓现前觉分有数种，即修密者圆寂时出现彩光、妙音、坚固舍利、大地震动等瑞相。彩光有两种：光环如虹幕相、光线如梯形相。若现光环相者，五日后安稳得现前成佛；若现光线如梯形相者，七日后现前成佛。妙音有两种：若轰然作响，七日后现前成佛；若有物体相碰声者，十四日后即现前成佛。"

在西藏历史上，虹身成就的事例非常多，其中最惊人的记载，出自于《前译光明史》中，据说从噶丹巴德协修建白玉噶托寺，而形成宁玛派中噶托法系后的 700 年间，竟然共有 10 万人获大圆满虹化光明身成就。

即使到现代，西藏本土上虹化的事例仍屡次出现。足可以证明虹化成就确实存在，绝非虚妄之言。

象雄之谜

象雄，意为"大鹏鸟之地"，汉史记载"羊同"，是西藏高原最早的文明中心。据考古学研究和史籍记载，象雄在公元前 10 世纪就已在西藏高原崛起，且早于吐蕃与唐朝建立关系。在公元 6～7 世纪，象雄已是以牧为主，兼有农业了。古老的象雄产生过极高的文明，它不仅形成了自己独特的象雄文，而且还是西藏传统土著宗教——苯教的发源地，对后来的吐蕃以至整个西藏文化都产生了深刻的影响。象雄王朝鼎盛之时，曾具有极强的军事力量，其疆域包括了西藏高原的大部分地区和青海、四川的一部分，以及西部的克什米尔和拉达克。后来，吐蕃逐渐在西藏高原崛起，到公元 8 世纪时，彻底征服了象雄。从那时起，象雄王国和文化就突然消失了，其文字文献、宫殿遗址等至今无从考证。按说任何一个王朝的覆灭都会留下一些文字文献、王宫遗址，为什么象雄这样一个有着古老文明的鼎盛王朝会突然消失得无影无踪，就好像从来不曾存在过一般呢？史籍记载的象雄王朝具体位置在哪里？它到底是由谁统治的？它的人口市容、民情风貌、生产方式、文化艺术、对外交流等到底是如何？为什么说象雄王朝是苯教的发源地呢？象雄文明又是如何消失的呢？也许只有等待考古学家的进一步发现。

说唱艺人之谜

《格萨尔王传》大约产生于 11 世纪到 13 世纪之间，或者更早一些。它被誉为东方《伊利亚特》，是藏族著名长篇英雄史诗，也是世界上最长的英雄史诗，是一部奇丽辉煌、博大精深的鸿篇巨制，从其原始雏形发展到今天共有百余部之多。史诗中既有惊心动魄的战争场面，又有缠绵悱恻的爱情故事；既有瑰丽多彩的神话传说，又有令人警醒的处事格言。所塑造的具有鲜明民族性格和时代特征的典型人物多达 3000 之众，引人入胜的故事情节及精湛的艺术魅力，吸引了千百万人民群众。它历史悠久，卷帙浩繁，结构宏伟，内容丰富，代表着古代藏族文化的最高成就。

《格萨尔王传》在民间以两种形式流传，一是口头说唱形式，一是以抄本、刻本形式。口头说唱是其主要形式，是通过说唱艺人的游吟说唱世代相传，他们在说唱之前总要举行一些仪式，头戴说唱艺人标志的帽子——"仲夏"，或煨桑奉香请神，或对镜。根据民间传统的说法，说唱艺人可以分为神授艺人、神灵附体艺人、圆光艺人、书写艺人、伏藏艺人等。而说唱艺人有着各种传奇。在众多的说唱艺人中，那些能说唱多部的优秀艺人往往称自己是"神授艺人"，即他们所说唱的故事是神赐予的。"神授说唱艺人"多自称在童年时做过梦，之后生病，并在梦中曾得到神或格萨尔大王的旨意，病中或病愈后又经喇嘛念经祈祷，得以开启说唱格萨尔的智门，从此便会说唱了。在藏区，有些十几岁目不识丁的小孩病后或一觉醒来，竟能说唱几百万字的长篇史诗，这一神秘现象至今无法解释。

古格之谜

距今 1000 多年前，有一个拥有灿烂文明、盛极一时的强大王国——古格王国，诞生在有"阿里江南"之誉的扎达县。

古格遗址在距象泉河南岸的札布让村的一座高约 300 米的土岗

上，占地面积约 20 万平方米，由 300 多间房屋、500 多孔洞窟和 50 多座碉堡、20 多座佛塔组成。另还有暗道 4 条，各类佛塔 28 座，洞葬 1 处。在里面还有武器库 1 座、石锅库 1 座、大小粮仓 11 座、供佛洞窟 4 座、壁葬 1 处、木棺土葬 1 处。这一座座宫殿，一座座寺庙，顺着逶迤的山势，由下而上，直抵山顶。

在古格王国建筑群遗址中，最为显眼的建筑多数是佛教建筑：山顶上突兀而出的坛城殿，山坡台上两相辉映的红庙和白庙，高低错落的大威德殿和度母殿，山坡西北侧高耸的佛塔。这些风韵犹存的佛殿建筑在山顶上显得格外引人注目。

然而，古格王国最神秘的地方在于，拥有如此成熟、灿烂文化的王国突然之间由盛而衰，一夜之间消失于茫茫沙海，让人迷惑不已，这到底是什么原因呢？

在古格国王消失的几个世纪之后，人类几乎不知其存在，没有人类活动去破坏它的建筑和街道，修正它的文字和宗教，篡改它的壁画和艺术风格，甚至到现在它还保留着遭到毁灭的现场。

不但如此，我们对于古格王国还是知之甚少，少量的历史典刊、残缺并且相互矛盾的记载，不仅没能揭开古格王国神秘的面纱，反而更增加了它的神秘感。古老的古格，像是一座巨大的迷宫，将西藏西部众多的秘密深锁其中。

伏藏之谜

"伏藏"是指一件很珍贵的东西被埋藏，最终又被发掘出来的意思。在西藏，许多地方都有"伏藏"的存在。那么，"伏藏"到底都有些什么东西？为什么西藏会有"伏藏"这一举动？这就是伏藏之

神秘莫测的青藏高原

谜给人们留下的悬念。

"伏藏"一词是从西藏的"terma"一词翻译而来，藏文是"爹玛"的意思。"爹"，有"宝贵"和"值得保全"之意，是指一件很珍贵的东西被埋藏，最终再被发掘出来。一件珍贵的东西被埋藏，然后又被发掘出来，又如何能算是一个不解的谜呢？

据传，1300多年前，莲花生大师到西藏弘扬佛法，发觉当时藏人的知识不能接受密法，也因为当时有些法的因缘尚未成熟，所以在离开西藏之前，将很多教法、佛像、法药埋藏在不同的领域里。它们有的在瀑流，有的在山岩，有的在虚空，甚至有的在圣者的甚深禅定之中。等待将来时机成熟，让有缘、有成就者开启传播，故称"伏藏"。

伏藏分为书藏、圣物藏和识藏。书藏即指经书，圣物藏指法器、高僧的遗物等。最为神奇的就是识藏，据说当某种经典或咒文在遇到灾难无法流传下去时，就由神灵授藏在某人的意识深处，以免失传。当有了再传条件时，在某种神秘的启示下，被授藏经文的人（有些是不识字的农牧民）就能将其涌出或记录成文。

从一千多年前的莲花生大师时期到现在，在这个漫长的藏传佛教历史过程当中，伏藏这一事实连续不断地显现在人们的面前。

第一个取得格西学位的汉族喇嘛洛桑珍珠格西的《雪域求法记》里，记载了"识藏"的说法。在后藏拉孜附近的扎叶巴寺，西藏最著名的寺庙桑耶寺与青朴修行地，都会挖到经典。

西藏最古老的土著宗教——苯教，在受到藏传佛教的冲击下，就有过"伏藏"的历史。历史上，苯教一方辩论失败，被信奉佛教的赤松德赞下令取缔，苯教徒不敢公开活动，他们到处埋藏苯教的经典，这些经典形成了苯教的"伏藏"。而到了9世纪朗达玛灭佛时

青少年走遍中国丛书

期，佛教信徒也开始"伏藏"。

后来，宁玛派就有在某地挖出经典之说。取藏者被称为"得登巴"，相传都是莲花生大师和他的弟子的化身，能圆满地重整伏藏经文，并准确地解读伏藏经文的理论和方法，最著名的如《西藏度亡经》、《大圆满》等。

雅鲁藏布大峡谷之谜

流经西藏的雅鲁藏布大峡谷是世界第一大（深度、长度）峡谷。大峡谷北起米林县的大渡卡村，南到墨脱县巴昔卡村，长 504.9 千米，平均深度 5000 米，最深处达 6009 米。整个峡谷地区冰川、绝壁、陡坡、泥石流和巨浪滔天的大河交错在一起，环境十分恶劣，许多地区至今仍无人涉足，堪称"地球上最后的秘境"，是地质工作少有的空白区之一。

大峡谷具有从高山冰雪带到低河谷热带季雨林带等 9 个垂直自然带，聚集了多种生物资源，包括青藏高原已知高等植物种类的 2/3，已知哺乳动物的 1/2，已知昆虫的 4/5，以及中国已知大型真菌的 3/5，堪称世界之最。

在大峡谷入口处的派乡转运站海拔为 2800 多米，拐了几个弯流到墨脱海拔却已经只有几百米，江水流速最快竟达 16 米/秒以上……这条世界最高的大河从喜马拉雅山脉西段南麓海拔 5590 米的杰马央宗冰川，一路深切印度板块和欧亚板块缝合线及太平洋板块与印度板块缝合线，最后造就的这个绿色峡谷的确是一个值得举世瞩目的奇迹，留给人类的也不仅仅是整个雅鲁藏布江中最复杂、最险恶的谜中之谜。

对于这一现象，科学家们提出为什么同一山脉的两端会有两座山峰遥相呼应地对峙着？为什么这种对峙又几乎对称地被两条大河深切成马蹄形大拐弯峡谷？这是大自然偶尔为之还是深藏地壳运动规律？

然而，雅鲁藏布大峡谷的谜团却远远不止这些，如大峡谷到底有没有瀑布？有的话有多少，有多大？大峡谷最深处在哪里，最深值是多少？核心地段的平均深度是多少？大峡谷究竟有多长，入口处和出口处在哪里？大峡谷中有几个瀑布，它们的具体位置、宽度、落差是多少？大峡谷江面宽度的变化趋势怎样，江面坡降是多少？……

这些，都是中外科学家们一直关注的问题。